中国司法改革实证研究丛书

致力于中国司法制度、刑事诉讼制度和纠纷解决的
实证研究作品

国家"九八五工程"四川大学社会矛盾与社会管理研究创新基地支持
四川省社会科学重点研究基地纠纷解决与司法改革研究中心支持

中国司法改革实证研究丛书
左卫民/丛书主编

精神病人刑事司法处遇机制研究

THE RESEARCH ON CRIMINAL JUDICIAL
SOLUSION MECHANISM ABOUT PSYCHOPATH

贺小军 / 著

图书在版编目(CIP)数据

精神病人刑事司法处遇机制研究/贺小军著. —北京：北京大学出版社，2016.9
（中国司法改革实证研究丛书）
ISBN 978-7-301-24982-6

Ⅰ.①精… Ⅱ.①贺… Ⅲ.①刑事犯罪—司法精神病学—司法制度—体制改革—研究—中国 Ⅳ.①D924.04

中国版本图书馆 CIP 数据核字（2016）第 067455 号

书　　　名	精神病人刑事司法处遇机制研究 JINGSHENBINGREN XINGSHI SIFA CHUYU JIZHI YANJIU
著作责任者	贺小军　著
责任编辑	陈　康　田　鹤
标准书号	ISBN 978-7-301-24982-6
出版发行	北京大学出版社
地　　　址	北京市海淀区成府路 205 号　100871
网　　　址	http://www.pup.cn　http://www.yandayuanzhao.com
电子信箱	yandayuanzhao@163.com
新浪微博	@北京大学出版社　@北大出版社燕大元照法律图书
电　　　话	邮购部 62752015　发行部 62750672　编辑部 62117788
印刷者	三河市北燕印装有限公司
经销者	新华书店
	965 毫米×1300 毫米　16 开本　13 印张　178 千字 2016 年 9 月第 1 版　2016 年 9 月第 1 次印刷
定　　　价	39.00 元

未经许可，不得以任何方式复制或抄袭本书之部分或全部内容。
版权所有，侵权必究
举报电话: 010-62752024　电子信箱: fd@pup.pku.edu.cn
图书如有印装质量问题，请与出版部联系，电话: 010-62756370

"中国司法改革实证研究丛书"序

2014年10月20日至23日召开的中共十八届四中全会,无疑将在当代中国法治建设的进程史上留下划时代的一笔。继党的十八届三中全会提出进一步深化司法体制改革的新措施后,党的十八届四中全会通过的中共中央《关于全面推进依法治国若干重大问题的决定》,又提出了关于司法改革的重大举措,这对中国司法建设与改革而言显然具有积极意义。

长期以来,笔者及笔者带领的学术团队包括所指导的博士研究生,一直致力于司法制度、刑事诉讼制度和纠纷解决的实证研究,力图真切地把握中国司法与诉讼制度的运行现状,深度剖析其利弊得失,抓住切实存在的重要问题,探究其成因,并在此基础上提出有针对性和可操作性的改革建言。通过不断地展开实证研究,我们取得了关于司法与诉讼制度若干方面的一些研究成果。考虑到当前司法改革的重要性,也考虑到实证研究的重要性,笔者将我们团队近期有关司法制度的研究成果收辑成册,以中国司法改革实证研究为主题,与北京大学出版社联系并系列出版。笔者的看法是,中国司法研究固然早成显学,但司法改革的正确推进尤其是长期有效推行,仍然有待于科学、细致及深入的实证研究。有鉴于此,笔者将自己及所带领团队关于司法的实证研究成果奉献给大家,希望抛砖引玉,引起更多学界同仁关注并展开司法实证研究,同时也为当下和未来的司法改革提供些许参考。

需要指出的是,对于法学研究者而言,实证研究乃是一门新兴的研究方法,无论是笔者抑或笔者所带领的团队成员,都有一个学习与掌握的过程。本系列作品中,有些实证研究方法运用得比较多,有的则比较少;有些运用得比较好,有些则有所欠缺,但鉴于这些作品大都或多或少地运用实证方法,比如使用数据展开分析等,因此笔者仍然以实证研究为主题收辑在一起。其中不当之处,敬请读者诸君批评。

左卫民
2014 年 12 月 3 日于四川大学研究生院

自 序

读者下面即将看到的,是在我的博士论文的基础上修改而成的论著。由于我的久拖不决,该论著距博士论文完成已有三年多了。若不是恩师左卫民教授的关心与帮助,该书可能仍在酝酿当中。

本书的选题有些意外。在博士求学过程中,笔者正为选题伤脑筋。此时,恰逢2012年《刑事诉讼法》大修,其中关于精神病人的特别程序发生重大修订。笔者通过查阅资料发现,关于精神病人的实体法研究较多,而程序法研究罕见。另外,实践中精神病人实施刑事案件大多产生严重后果,引发社会广泛关注。正是基于研究的理论价值与实践意义,笔者最终选择《精神病人刑事司法处遇机制研究》作为博士论文题目展开探索式的研究。

最初,笔者打算采用纯粹的实证研究范式,即对我国精神病人刑事司法处遇制度与实践进行深入考察与分析,展示其面貌,揭示其不足,剖析其原因,提出可操作性的实施方案。然而,实证研究方法的特点是需要通过阅卷、访谈、问卷等多种形式的实证调查才能把握与揭示精神病人刑事司法处遇实践面貌,其中调研点的选择对我而言成为大问题。又因2012年《刑事诉讼法》甫一修改,制度研究尚且不充分,实践研究从何谈起?考虑到上述原因,笔者主要采用规范研究与比较研究的研究方法,结合若干典型案例进行论证,以此形成本书的研究结构。

  本书除导论外，共有三章。其中，在导论部分，讨论了研究命题、意义、方法及框架。第一章主要考察域外精神病人刑事司法处遇机制的理论与实践问题。考察发现，精神病人刑事司法处遇程序受到理念与对象的影响，而这与精神病学知识的发展与介入有着重要的关联。第二章集中处理的是我国精神病人刑事司法处遇机制的立法与实践问题。通过分析发现，已有法律规范十分粗疏，实践中乱象丛生。第三章提出完善我国精神病人刑事司法处遇机制的具体构想，改革方案应在中国刑事司法实践的基础上展开，并适当结合域外经验作为借镜，可从理念、路径与制度等方面打造。最后，总结各章要点。

  本书的写作得益于许多人的帮助。恩师左卫民教授一直对笔者及笔者的研究给予关心与照顾。四川大学马静华教授、郭松副教授与福建师范大学刘方权教授，多年来一直对笔者给予点拨与帮助。北京大学出版社的田鹤女士，对该书的编辑付出了辛劳。家人对我一直默默地支持与无私的包容，尤其是我的妻子，不仅承担全部家务，还辛苦养育我们年幼的两个孩子。谢谢你们！

贺小军
2016 年 8 月 5 日

目 录

导 论 ··· 001
  一、问题与意义 ·· 001
  二、既有研究综述 ··· 007
    （一）国外研究 ··· 007
    （二）国内研究 ··· 011
  三、研究方法与结构 ··· 015
    （一）研究方法 ··· 015
    （二）研究结构 ··· 018

第一章　域外精神病人刑事司法处遇机制的回顾与反思 ········ 021
  一、精神病人刑事司法处遇理念变迁：从惩戒到治疗 ········· 021
    （一）禁闭——惩戒理念：从地牢到精神病院 ············ 022
    （二）解禁——治疗理念：在精神病院与社区之间 ········ 025
  二、精神病人刑事司法处遇对象变迁：从"行为"到"人" ····· 029
    （一）犯罪(行为)——以行为为中心的处遇 ·············· 029
    （二）罪犯(人)——以行为人为中心的处遇 ·············· 031
  三、精神病人刑事司法处遇程序变迁 ························· 034
    （一）精神病人刑事司法处遇程序变迁走向：司法医学化 ··· 034

（二）精神病人刑事司法处遇程序变迁的具体体现 ……… 038
　四、精神病人刑事司法处遇机制的反思：悖论与正解 ……… 048
　　（一）悖论 ……………………………………………………… 048
　　（二）正解 ……………………………………………………… 050
　五、小结 …………………………………………………………… 057

第二章　中国精神病人刑事司法处遇机制考察 ……………… 059
　一、中国精神病人刑事司法处遇制度的立法规定 ……………… 059
　　（一）现状 ……………………………………………………… 059
　　（二）评价 ……………………………………………………… 063
　二、中国精神病人刑事司法处遇制度的实践运行样态 ……… 064
　　（一）司法处遇的总体状况：以鉴定前与鉴定后为主的
　　　　　考察 ……………………………………………………… 065
　　（二）司法处遇的具体面貌：以各诉讼环节为主的考察 …… 075
　　（三）医疗处遇的整体状况 …………………………………… 121
　　（四）小结与讨论：精神病人处遇的实践解读与未来改进
　　　　　方向 ……………………………………………………… 128

第三章　中国精神病人刑事司法处遇机制的建设构想 ……… 136
　一、建设的必要性与可行性 ……………………………………… 136
　　（一）必要性 …………………………………………………… 136
　　（二）可行性 …………………………………………………… 144
　二、理念调整 ……………………………………………………… 150
　三、路径选择 ……………………………………………………… 152
　　（一）立法层面的调整 ………………………………………… 152
　　（二）司法层面的规制 ………………………………………… 154
　　（三）媒体预警告知制度的建立 ……………………………… 157
　　（四）社会配套制度的建设 …………………………………… 159
　四、现实的方案设计 ……………………………………………… 161

（一）精神病确认制度的改进 …………………………… 161
（二）医疗处遇制度的规范 ……………………………… 168
（三）各刑事诉讼环节制度的建设 ……………………… 172
结　语 ……………………………………………………… 184
参考文献 …………………………………………………… 187

导 论

一、问题与意义

近年来,精神病人实施的刑事案件在我国时有发生。① 2006 年 12 月 28 日,黄文义在广东佛山市南海区罗村利用铁锤杀害 6 名亲友,案发时处于精神病发病期,属于限制责任能力人。② 2007 年 4 月 1 日,徐敏超在云南丽江沿途使用匕首刺伤游客及路人 19 人,经司法精神病鉴定,作案时患旅行性精神病,为限制刑事责任能力人。③ 2008 年 6 月 30 日,刘全普在浙江省体育彩票中心使用随身携带的尖刀猛刺两名中心工作人员,导致一名人员经抢救无效死亡,经精神病鉴定患有精神分裂症,案发时处于发病期,为限制刑事责任能力人。④ 2009 年 11 月

---

① 关于"精神病"的概念、范围等问题,法律界与医学界存在争议。鉴于我国《刑法》与《刑事诉讼法》均采用精神病人的表述,为保持研究的统一,本文仍沿袭传统的表述方式。

② 参见《佛山灭门案凶犯因患精神病被判死缓》,载 http://news.sina.com.cn/c/l/2007-11-22/013514359077.shtml,2012 年 5 月 1 日访问。

③ 参见《导游丽江砍人案开庭 公诉人质疑疑犯患精神病》,载 http://news.eastday.com/s/20071214/u1a3289053.html,2012 年 5 月 1 日访问;储皖中:《"吉林导游丽江行凶案"续 再次进行精神病鉴定》,载 2007 年 9 月 20 日《法制日报》。

④ 参见蒋瞰:《疯狂男子体彩中心行凶》,载《今日早报》2008 年 7 月 1 日第 A7 版;丁原波:《买彩票导致精神分裂后杀人?》,载 2009 年 3 月 26 日《今日早报》。

16日,陈文法在云南省昆明市禄劝彝族苗族自治县残杀6名亲人,经精神病鉴定,案发时患有精神分裂症,不负刑事责任。① 2009年12月12日,湖南安化的刘爱兵采取锄头击打、猎枪射击、柴刀乱砍、纵火的手段,造成13人死亡,1人重伤,数栋房屋被烧毁的严重后果,经精神病司法鉴定,案发时患有偏执性人格障碍。② 2009年12月28日,北京大兴区的张武立持刀杀死妻儿后报警,经精神病鉴定,作案时患有精神病,不负刑事责任。③ 2012年12月14日,闵拥军在河南光山县文殊乡陈棚村完全小学持刀砍伤23名学生,通过精神病鉴定,确认为限制刑事责任能力人。④ 等等。

通过对精神病人涉嫌犯罪的案件的调查与分析,发现此类案件具有如下几个特点:(1)犯罪具有一定的暴力性与攻击性。比如实施故意杀人、伤害等案件占有一定的比例。(2)一些案件犯罪手段残忍,后果特别严重。比如刘爱兵案件,采用锄头、猎枪、柴刀等犯罪工具,见人就砍杀,导致14死伤及多处房屋烧毁的恶劣后果。(3)侵害对象具有不确定性。既有亲属、邻居与朋友,也有无辜的陌生人。(4)案件突发性强,犯罪动机不明确。因琐事发生纠纷或者主观猜想的事实,临时萌发了行凶企图,随机性较强,犯罪缺乏一定的目的性与指向性。

上述见诸媒体的案件,仅是我国精神病人实施犯罪案件之冰山一

---

① 参见《禄劝致6人死亡杀人案嫌犯患精神分裂属无责任能力》,载 http://news.xinhuanet.com/legal/2009-12/27/content_12711666.htm,2012年5月1日访问。
② 参见《背着两杆猎枪见人就杀 子弹不够就用柴刀砍》,载《东方日报》2009年12月14日第A03版;陈磊:《"刘爱兵案"背后的精神病悬疑》,载2010年6月12日《南方人物周刊》。
③ 参见《北京大兴同一小区再出灭门案 男子杀妻灭子后自首》,载 http://news.xinhuanet.com/legal/2009-12/28/content_12712580.htm;《北京大兴杀妻儿凶手被鉴定患精神病》,载 http://news.sina.com.cn/c/2010-01-29/121717015021s.shtml,2012年5月1日访问。
④ 参见杨波:《河南光山23名学生被砍伤案追踪 检察机关要求对嫌疑人做精神病鉴定》,载《检察日报》2012年12月18日第1版;张兴军:《河南光山校园惨案嫌犯被鉴定为限定刑事责任能力》,载 www.gov.cn/jrzg/2013-01/07/content_2306805.htm,2013年1月10日访问。

角。事实上,随着社会化进程的加快,人们面临的社会压力剧增,罹患精神疾病的可能性增大。据统计,我国重性精神病患人数已超过1 600万①,"精神病患者的肇事率为10%"。② 针对日渐增多的精神病人危害社会的刑事案件,需要我国建立充分且有效的法律制度加以应对。

理论上,论证精神病人的刑事司法处遇机制的正当性应考虑两个方面。一方面,社会防卫的观念。作为公共安全的维护者,刑事司法机关有权力与责任阻止犯罪,维护社会安全,创造保障民众安全生活的环境。当精神病人产生危险性时,刑事司法机关应通过必要的限制措施控制精神病患,以达到维护公共安全与社会秩序的目的,防止精神病人对公众造成即将发生的损害。另一方面,保障精神病人权益的思想。由于精神病人先天不具备保护自身权益的能力,国家可制定法律并承担起保护作为弱势群体之一的精神病人的权益的责任。不过,国家在发动权力保护精神病权益时,也具有干预他们自由权益的特质,因此,国家权力必须谨慎对待与尊重精神病人的自主权与决定权。仅当精神病人无法行使自主权与决定权时,国家权力始能介入。

基于社会防卫与精神病人权益保障两类价值的拉锯,精神病人的刑事司法处遇机制将会分别产生不同的模式与制度。如若从社会防卫角度出发,则着重强调社会秩序之维护;若从保障精神病人的权益思想出发,则重视精神病患的治疗与康复。然而,偏向任何一类价值,都将对另一种价值产生贬损。在理想情形下,精神病人刑事司法处遇机制应既能充分保障精神病人的权利,又能有效保卫社会。以此为基准审视我国精神病人的刑事司法处遇机制的规范与实践,可以发现一些突出问题。

在规范层面,现有法律制度没有提供足够的应对措施,主要表现在:精神病人的处置程序条款配置不足,或虽有条款规范,但不具有可

---

① 参见陈泽伟:《我国重性精神病人超1 600万 大多数家庭一贫如洗》,载 http://news.sohu.com/20100529/n272419325.shtml,2012年5月1日访问。

② 张倩:《我国精神病患者犯罪持续上升 法律盲区执法尴尬》,载2010年4月1日《北京青年报》。

操作性。譬如,《中华人民共和国人民警察法》(以下简称《人民警察法》)第14条虽将强制医疗手段赋权予公安机关,但并未规定具体操作规则。部分省市的地方性管理办法(例如上海、北京、宁波、杭州、无锡与武汉等省市通过的《精神卫生条例》)虽规定了强制医疗程序,但这些规范性文件法律位阶较低,仅限于部分省市运行。关于部分刑事责任能力的精神障碍者犯罪的案件,《中华人民共和国刑法》(下文简称《刑法》)第18条仅模糊规定从轻或减轻处罚。

在实践方面,公安司法机关对触法精神病人处置任意,主要表现在:其一,精神病鉴定启动的选择性与后续处置的不确定性。比如,对一些重大恶性案件不启动精神病鉴定;对鉴定为无刑责能力人,多数情况下依法释放并通知家属带回监护,仅对少数严重危害行为的精神病人送至精神健康机构治疗。其二,强制医疗施行的非司法性。强制医疗是公安机关单方面以行政方式决定,入院与出院均未实现司法化审查。

整体而言,我国精神病人的刑事司法处遇机制呈现立法薄弱与实践任意的特点,既无足够的保障精神病人权益的措施,也未充分实现社会防卫的目的。面对上述问题,学术界也开始重视与思考精神病人犯罪及其处遇问题,涌现了诸多新成果。这些新成果着重解决如下碎片化问题:触法精神病人的处遇应交由刑事司法体系抑或精神卫生体系处理?如何完善精神病确认制度?如何完善强制医疗制度?在精神病人的刑事司法处遇机制中,如何兼顾打击犯罪与保障人权?

对于上述问题的回顾与反思,促成了本文继续研究的主题,那就是如何从整体上完善精神病人的刑事司法处遇机制。尤其是随着新《刑事诉讼法》第四章增订"依法不负刑事责任的精神病人的强制医疗程序"的规定以及《精神卫生法》的颁布,对此问题的全面而深入的研究,更显时代性、现实性与学术性。在刑事司法方面,新《刑事诉讼法》关于强制医疗程序的规定,确认了检察院或法院为申请或决定强制医疗的主体,朝司法化方向作出了重大调整。在精神卫生体系方面,《精神卫生法》确认了精神病人权益保障的理念,对强制住院与治疗等制度作出规范,赋予精神病人以自主决定权与治疗权等,力争实现个体权益与社会利益之间的平衡。尽管同年面世的两部法律条文存在些许缺陷,但是二者将精神病权益保护的理念写入法律却是不小的进步,这为精神病人刑事司法处遇机制进一步文明化与现代化提供了制度支撑与政策保障。

鉴于上述研究的背景与条件,笔者选取精神病人刑事司法处遇机制问题作为研究主题。在笔者看来,本项研究具有以下几个方面的意义:

1. 将有助于树立精神病人刑事司法处遇的正确理念

精神病人作为实施犯罪的特殊主体,兼具病人与罪犯的双重身份,世界范围内多采用惩罚与治疗的并重理念应对。然而,一直以来,由于我国刑事司法制度盛行"重惩罚,轻保护"的观念,此种观念也传递至精神病人的刑事司法处遇机制中,使得刑罚的改造意义过强,而恢复性或治疗性过弱。一些案件的处理实践表明,不同精神状态与案件性质的精神病人被混杂处理,过度惩罚而疏于治疗的现象较为突出,比如对部分刑事责任能力的精神病人严厉惩罚,而欠缺医疗资源的补给。显然,"要么惩罚,要么治疗",或者"要么司法,要么医疗"的两极化处理策略,无法足够应对精神病人时常制造的刑事案件,也难以避免对精神病人权益造成不当损害。就此而言,本项研究致力于改造既有精神病人刑事司法处遇机制,将惩罚与治疗的理念运用其中,根据精神状态与案件性质施以应对方案,比如对部分刑事责任能力的精神病人重视监禁与治疗的并用,在条件允许时治疗优先于监禁。这将极大地丰富我国精神病人刑事司法处遇的理念,进一步促进我国精神病人权益的保护与人权事业的发展,同时也符合国际社会的主流作法。

2. 将有助于更为深刻地理解精神病人刑事司法处遇机制与当下政治权力以及社会治理之间的关系

精神病人的刑事司法处遇机制并不是独立于政治权力框架之外,也不是封闭于整体的社会制度之中,相反它深受当下的政治权力与社会治理机制调整和改革的影响,具体制度创建与运行,一定程度上可能就是政治权力运行与社会治理状况的反映。而要深刻理解与探寻精神病人的刑事司法处遇机制与政治权力以及社会治理状况的互动与深层次关系,必须着力于考察与细致化描述精神病人刑事处遇的各个具体运行环节。正是出于如是动机,本项研究将视角转向精神病人处遇的整个诉讼环节,以揭示各诉讼环节之间权力运作关系以及与政治权力和社会治理状况之间的交互状况。在这种情况下,通过对精神病人刑事司法处遇机制的探索,也才能深刻体察精神病人刑事司法处遇机制与当下政治权力以及社会治理之间的隐秘却现实的微妙关系。

3. 将有助于促进刑事司法体系与精神卫生体系的合作与改革,进而有助于刑事精神卫生法的构建

触法精神病人处遇制度是在刑事司法体系还是在精神卫生体系下建立,对这一问题的回答,将产生刑事司法模式与医疗模式两种类型。根据刑法设定的刑事责任种类,我国形式上采取的是刑事司法处遇与医疗处遇结合的模式。然而,长期以来,我国刑事司法处遇的立法高度弹性化与柔性化,医疗处遇的法律制度缺失,刑事司法体系与精神卫生体系联络与对接不紧密与不通畅,造成实践运作产生诸多的不确定性结果,因案因人因时因地的差别化处理现象显著。而且,在这些不确定性结果中,尤以惩罚精神病人特征较为突出。在这种情况下,有必要从保障精神病人权益出发,改造既有精神病人的处遇机制。就此而言,崭新的精神病人处遇机制不仅需要强化刑事司法体系与精神卫生体系的协作,也需要改进与完善各自的立法,尤其是刑法、刑事诉讼法与精神卫生法中应有更多的关涉触法精神病人的权益条款。这无疑有助于系统化与细致化修订我国刑事法律与精神卫生法关于精神病人权益保护的立法条文,进而有助于促进刑事精神卫生法之建立。

4. 将有助于丰富整个中国刑事司法制度的内涵

一方面,精神病人刑事司法处遇机制作为中国刑事司法制度的重要组成部分,完全可以成为检测与评价整个中国刑事司法制度运行状

况的样本与指标,具体制度与实践状况也是中国刑事司法制度运行的细致反映与真实写照。另一方面,触法精神病人不同于一般正常人,精神病人刑事司法处遇机制又会与其他刑事司法制度运作不同,突出表现在更强调吸收精神病学、心理学等多种学科知识解决精神病人的问题,体现恢复性或治疗性的目的,而非惩罚性,这在一定程度上将突破传统刑事司法的角色与作用。刑事司法不再是决定有罪或无辜的过程,而是可能开始驶入恢复性司法的时代。就此而言,基于恢复性理念建构的关于精神病人的刑事司法处遇机制,将基本改变与拓展人们思考刑事司法的方式,这无疑将有助于丰富整个中国刑事司法制度的内涵,并可为其他特殊罪犯的处遇机制提供启示与借鉴。

二、既有研究综述

(一) 国外研究

根据笔者掌握的资料,域外国家关于此主题的研究成果主要存在如下特点:

1. 从研究视角看,主要从宪法、刑法与刑事程序等多角度进行规范研究

从宪法、刑法与刑事程序的角度,在《法律的发展——关于精神病人的法律》中,对无受审能力精神病人的非自愿性治疗、暴力犯罪的量刑、监禁中的诉讼救济、最高法院关于罪犯精神状态的实体与程序决定、精神卫生法庭与修复性刑事司法的发展等方面进行了探索,在应对精神病人犯罪的问题上,关涉精神病人法律的发展,表明在选择惩罚抑或治疗、赦免刑事责任与诉讼救济等方面正遭遇困境,需要在宪法、刑法与刑事诉讼法等法律框架的保护下充分关照精神病人的权

益。① 从刑法与刑事程序的角度,Melamed 在《犯罪的精神病人:惩罚抑或治疗》中,对世界范围内精神病人的刑事司法处遇机制分析后,发现对犯罪后的精神病人选择惩罚或治疗及运行机制都存在持续的冲突。不少国家是以被告人是否具有刑事责任能力为标准,进而确定触法精神病人的处遇制度是归入刑事司法体系抑或精神卫生体系。"大部分国家选择监禁与住院并行的处遇方式,只是一些国家的监禁优先于住院,而另一些国家则是住院优先于监禁;法院可根据犯罪性质决定治疗的期限,以此实现病人的治疗权与保护公共安全之间的平衡。"② 从刑事诉讼程序的角度,Munetz 等人在《运用连续拦截模式对重性精神病人的非刑事化处理》中,针对犯罪的精神病人采取一系列的拦截模式,阻止个体进入甚至更深入地卷入刑事司法制度,即在各诉讼阶段,比如逮捕前警察处理、初次到庭、看守所、法院、监狱等环节提供系统替代精神病人刑事化应对的干预策略,将精神病人从刑事司法体系中解脱出来,进而连接至社区治疗。③

2. 从研究内容看,主要集中于对触法精神病人的安置与治疗制度研究

对触法精神病人的处置是世界范围的难题,因为一方面,对于责任能力减弱的精神病人应被宽缓处理,或更多地接受治疗,而不是过分处罚;另一方面,社会防御与精神病人犯罪所产生的危险等问题,又需要制度与政策调整。④ 两个方面的拉锯使得各国在刑事司法体系与精神卫生体系中的处理很难达到满意。不过,争取两大体系的最大化合作,以此解决触法精神病人的安置与治疗问题已是大势所趋。Salize

---

① "Developments in the Law—The Law of Mental Illness", Harvard Law Review, Vol. 121, 2008.

② Melamed, "Mentally Ill Persons Who Commit Crimes: Punishment or Treatment?", The Journal of the American Academy of Psychiatry and the Law, Vol. 38, No. 1, 2010.

③ Munetz et al, "Use of the Sequential Intercept Model as an Approach to Decriminalization of People With Serious Mental Illness", Psychiatric Services, Vol. 57, No. 4, 2006.

④ 参见麦高伟等:《英国刑事司法程序》,姚永吉等译,法律出版社 2003 年版,第 404 页。

等人在《精神病罪犯的安置与治疗——欧洲国家的立法与实践》中,对欧洲国家关于精神病罪犯的立法与实践进行了介绍,重点从审前与审判程序、精神病评估、重新评估与释放程序、病人权益与精神健康服务等多个内容探讨精神病罪犯的安置与治疗制度,反映了欧洲国家也在积极努力营造精神病罪犯安置与治疗的环境,力图将惩罚与治疗制度糅合在一起,实现精神病人权益的保护与社会防御之间的平衡。[①] 美国州政府委员会在《刑事司法与精神健康共处方案》中,对刑事司法体系中审前、裁决、量刑、监禁等制度,以及精神卫生体系的有效运作制度作了详尽介绍,这表明,两大体系都致力于建构全面与深入有效的协作共处触法精神病人的制度。[②] 通过比较欧洲多数国家与美国对触法精神病人的安置与治疗制度,不难发现:由于法律制度、精神卫生制度与文化观念的差异,前者更注重国家正式机构的治理,后者更强调非正式机构的支持与服务。[③]

3. 在研究方法上,以实证研究为主

以美国为例,往往对各诉讼阶段精神病人的非正式处理方面的实证研究较为充分,比如警察转处、看守所转处与法院转处等。

(1) 在审前阶段,自20世纪60年代以后,在去机构化(即裁减或关闭精神病院的运动)、更严厉的民事监管条件与社区治疗资金不足等大背景下,社区警务理念开始强调警察应兼具执法、服务、救助等多项功能,这些因素促使警察接触精神障碍者的机会增多。于是,不少学者开始关注警察与精神障碍者的互动行为研究,促成了不少研究成果,如 Teplin 的《精神障碍者的刑事化:比较精神障碍者的逮捕率》考

[①] Salize et al, "Placement and Treatment of Mentally Ill Offenders—Legislation and Practice in EU Member States", http://ec.europa.eu/health/ph_projects/2002/promotion/fp_promotion_2002_frep_15_en.pdf,2012年5月1日访问。

[②] Council of State Governments, Criminal Justice/Mental Health Consensus Project. www.ncjrs.gov/pdffiles1/nij/grants/197103.pdf,2012年5月1日访问。

[③] Salize et al, Placement and Treatment of Mentally Ill Offenders—Legislation and Practice in EU Member States. http://ec.europa.eu/health/ph_projects/2002/promotion/fp_promotion_2002_frep_15_en.pdf,2012年5月1日。

察了精神障碍者与逮捕之间的关系问题,结果显示具有精神障碍症状的犯罪嫌疑人比正常人更容易适用逮捕。① Borum、Engel and Silver、Wells and Schafe、Ruiz and Miller 等人主要致力于警察观念对精神障碍者轻微犯罪执法方式的影响研究②,Steadman、Hails and Borum 等人通过分别考察警察应对精神障碍者模式的运行效果,揭示出警察干预模式(对轻微犯罪或无暴力的重罪,可运用警察机关中专门的警察应对策略、警察机关中专门的精神卫生应对策略及精神卫生系统中专门的精神卫生应对策略三种模式)均有助于降低逮捕率,但孟菲斯市警察局首创危机干预团队计划(the Crisis Intervention Team,简称"CIT")运行效果最为显著的结论。③

(2)看守所转处计划。精神病人逮捕后被关押在看守所,不少学者对看守所转处计划展开了研究,如 Draine、Perez、Sirotich 等人对看守所转处计划的运作实践及其效果进行描述与评价,与传统刑事司法系统对轻罪精神病人或重性精神病人的处置效果相比,看守所转处计划减少了监禁时间与看守所监管费用,但没有证据证明减少了累犯。因此,看守所转处计划不应简单考虑犯罪的精神障碍者远离看守所的短视目标,而是将精神障碍者作为社区的一员,不仅提供离开看守所的后继的精神卫生服务,也应供应社区成员正常生活所需的社会服务,

---

① Teplin,"Criminalizing mental disorder:The comparative arrest rate of the mentally ill", American Psychologist, Vol.39, No.7,1984.

② Borum et al,"Police Perspectives on Responding to Mentally Ill People in Crisis:Perceptions of Program Effectiveness", Behavioral Sciences and the Law,Vol.16,No.4,1998;Engel and Silver, "Policing Mentally Disordered Suspects: a Reexamination of the Criminalization Hypothesis", Criminology,Vol.39,No.2,2001;Ruiz and Miller, "an Exploratory Study of Pennsylvania Police Officers' Perceptions of Dangerousness and Their Ability to Manage Persons with Mental Illness", Police Quarterly,Vol.7,No.3,2004;Wells and Schafer, "Officer Perceptions of Police Responses to Persons with a Mental Illness", Policing:An International Journal of Police Strategies and Management,Vol.29.No.4,2006.

③ Steadman et al,"Comparing Outcomes of Major Models of Police Responses o Mental Health Emergencies", Psychiatric Services,Vol.51,No.5,2000;Hails and Borum, "Police Training and Specialized Approaches to Respond to People With Mental Illnesses", Crime and Delinquency,Vol.49,No.1,2003.

进而降低重新犯罪率。①

（3）精神卫生法庭的转处计划。精神卫生法庭的产生源自治疗法学理论与毒品法庭运动，致力于解决精神病人问题，在警官、检察官、辩护律师或法官的共同参与下，命令精神病人参与一定的治疗计划，进而达到改善精神状态，避免重新犯罪，恢复正常生活的目的。为描述与检测精神卫生法庭的转处状况，不少学者进行了广泛的实证研究，如 McNiel and Bindert 的研究表明，参与治疗计划的精神障碍者很少面临新的指控或暴力犯罪指控，而且也表明，法庭适用对象不仅仅是非暴力的被告人，还可以尝试拓展适用被指控重罪或暴力犯罪的被告人。② Griffin 等人研究发现，精神卫生法庭采用各种创新型的替代刑事控诉的处理方法，强制命令精神病人进入社区治疗。与传统法庭不同的是，对于不坚持治疗的被告人，精神卫生法庭很少运用判处监禁的惩罚方式，往往选择增加出庭次数、谴责、警告、严格的治疗条件及社区服务替代制裁。③

（二）国内研究

我国关于精神病人刑事司法处遇的研究，主要表现为三种研究路径：

第一种是主要从刑法学与犯罪学角度对精神病人的处遇进行的规范研究。许多论者已对如何在刑法领域中对精神病人处遇进行了探索，较具代表性的研究成果包括：卢建平在《中国精神疾病患者强制

---

① Draine et al, "Describing and Evaluating Jail Diversion Services for Persons with Serious Mental Illness", Psychiatric Services, Vol. 50, No. 1, 1999; Perez et al, "Reversing the Criminalization of Mental Illness", Crime and Delinquency, Vol. 49, No. 1, 2003; Sirotich, "The Criminal Justice Outcomes of Jail Diversion Programs for Persons With Mental Illness: A Review of the Evidence", The Journal of the American Academy of Psychiatry and the Law, Vol. 37, No. 4, 2009.

② McNiel and Binder, "Effectiveness of a Mental Health Court in Reducing Criminal Recidivism and Violence", Am J Psychiatry, Vol. 164, No. 9, 2007.

③ Griffin et al, "The Use of Criminal Charges and Sanctions in Mental Health Courts", Psychiatric Services, Vol. 53, No. 10, 2002.

医疗问题研究》一文中,对强制医疗的理论依据与原则进行了分析,认为中国强制医疗立法的问题是适用对象过窄、条文过于原则、司法规制缺失,提出应改进强制医疗的适用条件与医疗措施的种类和期限等。① 赵秉志在《精神障碍与刑事责任问题研究》一文中,对限制责任能力精神障碍人的危害行为应追究刑事责任,但应减轻其刑事责任和从宽处罚。② 黄丽勤在《精神障碍者刑事责任能力研究》一书中,通过借鉴域外法治国家的立法经验,对精神障碍者刑事责任的鉴定与判定作出了较为系统的介绍,并提出如何运用刑法对实施危害行为的精神障碍者展开处置的。③ 台湾学者张丽卿在《司法精神医学:刑事法学与精神医学之整合》一书中,主张整合刑事法学与精神医学的关系,并借鉴德国立法体例,对精神障碍者收容要件、责任能力的判断、监护执行及治疗和复归方法等内容进行了探讨,提出了从刑法角度改革的建议。④

第二种主要是从刑事程序的某个具体制度研究精神病人的处遇问题。较具代表性的论著包括:陈卫东等人在《司法精神病鉴定刑事立法与实务改革研究》一书中,通过实证调研,发现精神病鉴定的启动混乱、被鉴定人的诉讼权利救济缺失、强制医疗制度的非司法化与鉴定管理体制不统一等问题,提出未来应在职权抑制的诉讼模式下,细化启动标准,明确医学人与法学人权力配置,增强被鉴定人的诉讼救济,设定强制医疗的司法化程序及恢复层级化鉴定管理体制等改革建言。⑤ 除此之外,较具代表性的本项研究还包括:陈光中与王迎龙在

---

① 参见卢建平:《中国精神疾病患者强制医疗问题研究》,载《犯罪学论丛》2008年第6卷。
② 参见赵秉志:《精神障碍与刑事责任问题研究》,载《云南大学学报》(法学版)2001年第3期。
③ 参见黄丽勤:《精神障碍者刑事责任能力研究》,中国人民公安大学出版社2009年版。
④ 参见张丽卿:《司法精神医学:刑事法学与精神医学之整合》,中国政法大学出版社2003年版。
⑤ 参见陈卫东等:《司法精神病鉴定刑事立法与实务改革研究》,中国法制出版社2011年版。

《创建刑事强制医疗程序 促进社会安定有序》一文中,对强制医疗的提起程序、庭审程序、法律援助、诉讼救济、检察监督等问题进行了重点阐述。① 刘方在《精神病人强制医疗程序:非刑事处分诉讼方式》一文中,对强制医疗程序的性质、适用对象及运行方式等内容进行了解读,提出了强制医疗程序是非刑事处分诉讼方式的观点。②

第三种是从刑事法学、心理学与精神病学等多学科角度研究精神病人的处遇制度。较具代表性的论著包括:刘白驹在《精神障碍与犯罪》一书中,以刑事责任能力为依据,对无刑事责任能力与有刑事责任能力的精神障碍犯罪人的处遇给予了类型化分析,前者对强制医疗制度进行了探讨,后者分别对无服刑能力与有服刑能力的精神障碍犯罪人的处遇进行了介绍。③ 张爱艳在《精神障碍者刑事责任能力的判定》中,依据精神病学及相关学科的研究成果,运用刑事法学的理论,借鉴域外国家的立法经验,对精神障碍者刑事责任能力判定的实体性及程序性问题进行了专题研究。④

总体而言,域外研究颇为深刻,对于我国精神病人的刑事司法处遇机制具有一定的借鉴意义,尤其是研究视角与研究方法的借鉴价值。然而,由于我国经济、政治与社会发展的宏观背景,刑事司法体系与精神卫生体系有其特殊的发展态势,简单与完全的复制域外研究往往容易出现制度变异之后果。因此,我国对精神病人的刑事司法处遇实践需谨慎借鉴异域之研究。国内研究成果为数不少,研究视角(刑法学、刑事诉讼法学、精神病学等)也较全面,研究的范围基本涵盖了精神病人的刑事司法处遇机制中的重点问题。但总体而言,我国既有的理论研究仍存在很大的不足。具体而言,这些不足主要表现在以下

---

① 参见陈光中、王迎龙:《创建刑事强制医疗程序 促进社会安定有序》,载《检察日报》2012 年 4 月 11 日第 3 版。
② 参见刘方:《精神病人强制医疗程序:非刑事处分诉讼方式》,载《检察日报》2012 年 5 月 2 日第 3 版。
③ 参见刘白驹:《精神障碍与犯罪》,社会科学文献出版社 2000 年版。
④ 参见张爱艳:《精神障碍者刑事责任能力的判定》,中国人民大学 2010 年博士本项研究。

方面:

1. 系统性研究缺乏

从研究范围看,现有研究多从鉴定制度与强制医疗制度的两方面探讨精神病人的刑事司法处遇机制。鉴定是刑事司法处遇的前提,可知被追诉人是否具有刑事责任能力,以此确认精神病人的处遇制度是在刑事司法体系或精神卫生体系,进而可对鉴定为无刑事责任能力的精神病人提供强制医疗服务。然而,鉴定的范围不仅包括刑事责任能力,还应包括受审能力、服刑能力及危险性评估。精神病人的医疗措施除了强制医疗外,还应设定跟精神状态相适应的其他治疗与康复计划。而且,在刑事诉讼中的精神病人权益如何保障、两大体系如何无缝对接,以及不同精神状态与犯罪性质的精神病人如何分类处理等问题都需要关注与解决。显然,既有研究整体性研究欠缺,主要是对某些个别问题采取分而治之的策略,没有将它们置于精神病人的刑事司法处遇机制中加以综合考虑,由此得出的解决对策难免单一化与碎片化。

2. 侧重刑法角度的处遇,对刑事程序的研究不够

精神病人的刑事司法处遇机制既关涉刑法处遇,也包括刑事程序的规范与保障。然而,现有研究主要偏重梳理、比较、评析域外刑法条文,对刑事程序的研究尚不多见,或者虽有研究,但作为附带研究,往往缺失全面性与深入性的探讨。尽管此种通过评介与借鉴域外法治国家的立法经验,体察与透视我国刑法条文不足的研究进路,对我国刑法条文的完善虽大有裨益,但是,如果仅是一纸具文,而未付诸刑事程序反应,或者对进入刑事诉讼中的精神病人不给出差别对待与宽缓处置,并协调社会防御与精神病人权益保障的紧张关系,对处于各刑事诉讼环节中的精神病人的权益保障显然不利。而且,精神病人责任能力的减弱也要求尽可能提供治疗,而非以处罚应对。在这种情况下,对于如何干预精神病人进入刑事诉讼,如何过滤已进入刑事程序的精神病人,或者对已进入刑事程序的精神病人如何体现治疗意义而非惩罚功能等这些刑法无法给予现实解答的问题,显然是刑事诉讼必

须有所作为的。

3. 既有研究未能充分关注精神病人刑事司法处遇所涉及的宪政意义,以致未能察觉到研究中所存在的理念偏失

精神病人的刑事司法处遇机制的构建,应涉及宪法学、刑法学、刑事诉讼法学、精神病学与心理学等多学科的知识,然而我国的理论研究未能充分注意到精神病人刑事司法处遇关涉人权保障这一根本性的宪政主题,往往仅注重从刑事法学领域切入,且对立法条文的简单梳理与评价,未能从刑事程序的正当性(权力规制与权利保障)与社会控制的宏观角度进行分析与论证,致使已有的研究难以从整体上体现人权保障的理念。

三、研究方法与结构

(一) 研究方法

本项研究采用综合性的研究方法,根据研究问题的特殊性选择一种或多种适当的研究方法。具体方法如下:

1. 比较分析法

域外精神病人的刑事司法处遇机制较为成熟,理论研究成果也较丰富,能够较为充分地提供诸多立法经验与司法判例。而且,考察精神病学的发展历史,能够反映西方诸国对待精神病人的观念变化,进而影响精神病人的处遇理念与制度的变迁及未来发展趋势。由于世界范围内精神病人的处遇制度差异较大,同一法系的不同国家甚至同一国家的不同地区的制度都有差异,绝不可以简单以大陆法系与英美法系的划分加以说明,也不能完全以某个国家的所有制度作为引介,因为这都容易引发研究结论过于片面与单一而导致的借鉴失败。因此,在综合考虑我国精神病人刑事司法处遇的制度、实践及制度与实践相背离的问题的基础上,重点考察一些发达国家的经验做法,比较其共性和特点,有选择性地确定一些制度作为借鉴而非简单复制,以

此完善我国精神病人的刑事司法处遇机制。

2. 实证方法

本项研究筛选出来的内容,都是在新《刑事诉讼法》的颁布与施行的背景下,经前期资料整理与初步考察并结合域外相关主题比较,进而综合归纳出来的问题。由于这些问题既包括已有制度本身不完善的情形,也有制度与实践不一致、制度运行效果不理想等方面的状况。因此,围绕这些问题,不仅需要沿袭传统的研究思路如规范研究、比较研究,而且也需遵循发现问题、揭示成因及解决问题的实证研究思路。① 本项研究的思路是通过对国内制度与实践相背离的现象进行描述、分析与评价,特别是对制度与实践脱节背后的支撑架构的重点解读,以及对具体环境中司法主体的态度与行为的深刻阐释,是对当前精神病人的刑事处遇问题认识的深化,在此基础上结合域外经验,提出与打造中国式品格且实用性强的处遇机制,进而检视新《刑事诉讼法》修改的科学性与有效性,可以收到事半功倍的效果。

需要说明的是,当前,在全国范围内,据相关统计资料显示,精神病人制造的刑事案件并不多见。② 同时,由于我国公安司法机关对于精神病人犯罪处置一贯持封闭与保守的态度,对精神病人犯罪及其处理方式等信息并未公开与说明,全国各地真实情况如何,具有一定的神秘色彩。在这种情况下,笔者很难获得全面而又真实的信息。而媒体及民众关注的案件主要是重大恶性案件,类型为杀人、伤害等暴力

---

① 参见左卫民:《范式转型与中国刑事诉讼制度改革——基于实证研究的讨论》,载左卫民:《刑事诉讼的中国图景》,生活·读书·新知三联书店 2010 年版,第 256 页。

② 比如,河南省漯河市在 2008 至 2010 年两年多的时间里,公安机关经侦查终结移送审查起诉的精神病人实施犯罪的案件共计 13 件,11 名犯罪嫌疑人。参见周庆等:《河南省漯河市精神病人犯罪案件调研报告》,载 http://www.jcrb.com/jcpd/jcll/201009/t20100903_412945.html,2012 年 5 月 1 日访问。

型犯罪。① 因此,选择这些重大恶性案件进行重点透视就具有了代表性,研究结论也将在很大程度上代表我国公安司法机关对众多精神病人犯罪案件的处置理念及方式。当然,对这些案件处置过程的描述,是基于非常态的热点案例展开的分析,并非亲身参与式进行大范围的实证调研,因此,必须承认研究材料的客观性及结论的有效性可能存在一定的局限性,需要秉持谨慎接受的态度。基于上述原因,文中所选取进行实证研究的样本主要是媒体及公众关注的 16 件热点案件②,案件发生时间分布于 1999 年至 2010 年,案件源自中国法院网、北大法宝、南方周末、财经网、人民网、新华网、搜狐网、新浪网等权威媒体报道及公开的资料。通过围绕公安司法机关的案件处理过程进行描述与评价,力图反映当代中国司法机关处置之部分现实图景。

3. 交叉学科的方法

本项研究波及多项主题,不仅包括确认被追诉人的精神状态的鉴定与后续的医疗服务制度,还包括刑事司法的静态制度、动态实践及静态与动态断裂背后的深层次原因等问题。对这些问题的整体阐释与系统评价,需要借助宪法学、刑法学、刑事诉讼法学、精神病学、心理学、社会学、政治学等多学科的理论与方法,进而拓展本项研究的广度与深度。譬如,在解读我国精神病人的刑事司法处遇实践时,既要运用社会学与政治学理论分析当前政治权力及社会宏观背景对刑事司法处遇运行的影响与意义,又要运用宪法学、刑法学、刑事诉讼法学等理论论证其在法律层面的制度与相关问题。

---

① 这与一些学者实证研究结果显示的送鉴案例中暴力犯罪的比重较大体一致。譬如胡泽卿等人的研究,暴力犯罪的比例为 84.69%,参见胡泽卿、刘协和:《司法精神病学鉴定后的处理情况调查》,载《法律与医学杂志》1998 年第 2 期;再如张广政等人的研究,暴力犯罪的比例为 83.77%,参见张广政等:《河南省刑事案件司法精神病学鉴定案例的随访研究》,载《法医学杂志》2006 年第 2 期,等等。

② 由于精神病鉴定是精神病人得以确认的"体检"程序以及后续处置的前置程序,因此案件的筛选主要以侦、诉、审阶段被追诉人的精神病鉴定为标准,即在侦查阶段尽量收集包容各类鉴定情况的案件,然后力求保障每一个诉讼环节存在多类鉴定的情形,同时避免同一类鉴定的重复。除了无刑事责任能力的精神病人的案件被过滤出刑事诉讼程序之外,其他每一案件都应经历完整的刑事诉讼程序。

(二)研究结构

本项研究围绕精神病人的刑事司法处遇机制这一主题,运用比较、实证与交叉学科的方法,借助宪法学、刑法学、刑事诉讼法学、精神病学等基本理论,对精神病人的刑事司法处遇制度与实践展开探索与评析。目的在于通过描述当下精神病人的刑事司法处遇的制度与实践现状,从中发现问题,揭示可能之成因,在此基础上结合域外法治国家的经验,最终提出如何完善我国精神病人刑事司法处遇机制的改革设想。据此,本文的结构如下:

导论部分主要阐述本项研究的命题、意义、方法及框架。本项研究以近年来发生的几个具有代表性的重大恶性案件为研究入口,指出当下精神病人犯罪的特点与刑事司法处遇机制正面临着制度疲软甚至无效的状况,进而引出研究精神病人刑事司法处遇机制的理论与实践意义。接着,本文还对关于该命题的国外与国内研究现状进行描述与评价,指出当前国内研究存在的主要缺陷。最后,还对本文的研究方法及结构作一介绍。

第一章主要考察域外精神病人刑事司法处遇机制的理论与实践问题。考察发现,精神病人刑事司法处遇理念经历了从惩戒到治疗的变迁,处遇对象发生了从"行为"到"人"的转变。随着精神病学知识的发展,精神病学开始参与司法过程,改造了传统刑事司法体系,精神病人的刑事司法处遇程序正由单一化向多元化转型,逐渐赋予精神病人刑事司法处遇程序新的内涵,这主要表现在:刑事司法作用的对象由犯罪行为向犯罪人转变,刑事责任的内涵由有病无罪向有病有罪转变,刑罚目的从惩罚性向治疗性或矫正性转变。然而,在过分强调精神病学参与司法的积极作用的同时,又衍生了一个悖论,那就是司法正义受到挑战与精神病确认程序构造的危险。反思西方精神病人的刑事司法处遇机制存在的难题,可通过精致调整立法技术、准确定位司法裁判者与鉴定人之角色以及系统整合医学知识与法律知识等路径加以解决。

第二章集中处理的是中国精神病人刑事司法处遇机制的立法与实践问题。本项研究首先对中国精神病人刑事司法处遇制度的立法规定进行梳理,通过分析发现,在新《刑事诉讼法》与《精神卫生法》颁布之前,刑法条文过于原则,旧《刑事诉讼法》及其他司法机构的法律规范十分粗疏,导致既有立法规定并未明确精神病人的刑事司法处遇制度。在新《刑事诉讼法》与《精神卫生法》颁布之后,关于刑事诉讼中精神病人的处遇出现若干碎片式的规定;精神卫生法虽树立了精神病人权益保障的理念,并赋予精神病人自愿治疗权、自主决定权等权益,但是对精神病犯罪人的规定十分欠缺。整体而论,既有法律规范对精神病人的刑事司法处遇制度的规范主要见诸新《刑事诉讼法》中,对精神病人处遇的部分制度及适用程序进行了合理调整,完善了若干程序机制。在价值取向上,总体上立法倾向于有效打击犯罪。具体而言,立法关于我国精神病人刑事司法处遇机制的特点主要表现为差别对待理念初步显现、强制医疗程序的有限司法化、规定了某些合理的技术性规范等特点,但是不足之处在于价值取向系统化、制度化的提升不够,以及各诉讼阶段对精神病人权益保护制度缺乏。其次,本项研究对中国精神病人刑事司法处遇制度的实践进行描述与分析,主要从司法处遇与医疗处遇两个部分展开,其中又把司法处遇以鉴定为标准划分为鉴定前与鉴定后的司法处遇(整体状况)以及各刑事诉讼阶段的司法处遇(具体面貌)。笔者通过考察发现,司法处遇与医疗处遇是中国精神病人处遇实践的主要形态,已呈现出大致轮廓:(1)在处遇理念上,过于强调惩罚,而疏于治疗,且惩罚与治疗相互分立。(2)在处遇对象上,主要根据过去发生的犯罪行为或犯罪事实展开相应的处置,对被指控者的精神状态及其他个体因素关注不够。(3)在处遇程序上,主要围绕刑事责任能力运行诉讼程序,刑事程序呈现单一化的样态。(4)在整个处置过程中,国家权力运用广泛而深入,而被追诉人配置的权利弱小而无力,基本上处于被支配地位。形成此种实践状况的原因,不仅在于刑事司法制度本身孱弱,也在于刑事司法制度之外社会治理制度之不足,更在于法律制度内外的对精神病人处遇的协作体系没有建立。

第三章提出完善我国精神病人刑事司法处遇机制的具体构想。首先阐释中国既有精神病人的刑事司法处遇制度在社会防御与精神病人权益保护两方面均存在缺陷,改革具有必要性。同时,当前中国的刑事司法环境与精神健康制度可作为保障改革富有成效的社会条件,改革具有可行性。在这种背景下,面对中国的问题,结构崭新的处遇机制显得十分必要与可行。于是,笔者认为,改革方案应在中国刑事司法实践的基础上展开,并适当结合域外经验作为借鉴,可从理念、路径与制度等方面打造。在理念上,需根据我国的刑事司法与精神卫生制度各自的发育状况,及两大体系协作的密切程度综合考量。同时,尽可能降低改革的成本与代价,最大限度地兼顾保障人权与打击犯罪(保卫社会)的两大价值目标,建构包容惩罚与治疗理念的刑事司法处遇机制。在路径选择上,从立法层面的调整、司法层面的规制、媒体预警告知制度的建立与社会配套制度的改革等四个方面着手推进精神病人刑事司法处遇机制的建设。在现实的方案设计上,可从精神病确认、医疗及刑事诉讼环节等三个方面构筑制度。

最后,总结各章论述要点。

第一章　域外精神病人刑事司法处遇机制的回顾与反思

如何确认精神病人的刑事责任能力、危险性及处理精神病罪犯问题是刑事司法与精神卫生领域面临的难题。一方面，若精神病人犯罪在刑事司法领域的责任受到降低或否定，他们应受到治疗，而非惩罚；另一方面，若精神病人制造的刑事案件破坏了公共安全及未来可能继续造成危险性，他们又不能完全不受谴责。这使得社会防御与精神病人的权益两大价值目标的关系变得紧张。为缓解这种紧张关系，世界范围内从刑事司法体系与精神卫生体系两个方面对精神病人刑事司法处遇机制进行了探索与建设。在探索与建设过程中，取得了许多经验与教训，系统反思这些经验与教训，无疑将对我国合理构筑精神病人刑事司法处遇机制提供有益的启示。

一、精神病人刑事司法处遇理念变迁：从惩戒到治疗

精神病人从传统到现代经历了两种处置理念的变迁，一种是通过惩戒的控制，另一种是借助治疗的保护。精神病人处置理念由惩戒到治疗的嬗变，反映出时代文明的进步与人性化治理手段的遍及。

(一) 禁闭——惩戒理念:从地牢到精神病院

在19世纪之前,由于精神病学知识的缺位,疯子与罪犯身份混同在一起,很难说罪犯中存在多少疯子。但是,只要发现某个人处于疯癫状态,且又实施了危害社会的行为,疯子的意义可能更大于罪犯的意义,因为对待疯子的处理态度比罪犯还严厉。疯子是作为社会中的"恶魔"与罪恶被歧视、排斥与隔离,以此达到所谓的维护社会公共秩序的目的。疯癫是对理性权威的挑战与威胁,而理性要治理与制服疯癫,需要借助暴力和惩罚加以控制。因此,此种理念坐实了当时精神病人的形象。

中世纪欧洲麻风病的突发与蔓延,麻风病院的排斥与隔离方式,成为"治疗"该疾病具有显著成效的方式。在这种排拒方式的作用下,最终导致麻风病趋于消失。虽然麻风病不复存在,然处置麻风病的遗风——排拒——却续存下来。在文艺复兴初期,精神病被作为最大的恶德,某些城市通过船舶将这些异乡的疯子承载驱逐,诞生的疯人船在这个时期成为应对疯子的方式之一。① 就整个文艺复兴时期而言,疯子并不被人们认为是危险,而是当作不足为奇的普通景观而已。② 因此,相对而言,此时期应对疯子的方式显得较为友善。

文艺复兴后的古典时期对待疯子的态度发生了转变,17世纪的欧洲通过大量的监禁所展开禁闭疯子的活动。这些监禁所的创设,其主要功能并不具有医学治疗意义,而是出于维护道德秩序的需要,以达到惩治疯子懒散的目的。然而,"在经济危机时期,监禁所除了镇压功能外,还可对疯子提供生计来源。当然,这是疯子以失去人身自由为代价的。可以说,此时期应对疯子的监禁取代了以往纯负面的驱逐或

---

① 参见〔法〕米歇尔·福柯:《古典时代疯狂史》,林志明译,生活·读书·新知三联书店2005年版,第15页。
② 参见汪民安:《福柯的界线》,南京大学出版社2008年版,第3页。

处罚".① 在监禁疯子起初,疯子是作为懒散形象示人的,与其他被禁闭者比如穷人、懒惰之人关在一起,监禁之目的在于惩罚与矫正,使其改恶从善。同时,需要注意的是,疯子在监禁中还具有特殊角色,他们有组织的展示与演出,以获得众人的观赏与消遣。

在 18 世纪,疯子已不再是游手好闲的形象,也不仅是惩戒与矫正的对象。他被制造成没有被当做人对待的兽性形象,成为展示与娱乐的工具,监禁的功能也转向非人性化的躯体限制。同时,由于疯癫已被认为是一种疾病,禁闭所中的疯子总是给其他禁闭者带来不确定的威胁,疯子与诸如罪犯、贫困者、失业者等囚禁在一起的正当性受到质疑,要求将疯子作为病人单独关照的人道主义运动日渐强烈。② 这时期出现的对其他禁闭者产生危险性的状况,使得既有对疯子处以驱逐、隔离、排斥与禁闭等技术显得力有不逮,于是,又出现了将实施危害行为的精神病人安置到收容所或教养所的现象,尽管只是很少的精神病人获得了医疗服务。③ 从 18 世纪末开始,欧洲国家为发展经济与积累财富,增加劳动人口数量,促进经济发展显得较为迫切。然而,禁闭限制了穷人的数量,提高了劳动力的成本,因此,在当时看来,它是一项错误的政策。接着,许多国家的禁闭体制开始衰退,但是社会领域对安置疯子陷入左右为难的困境,即如何选择既能限制疯癫可能产生的危险性,又能为疯子提供特殊帮助的处置技术呢? 在这个时期,监禁措施与医疗思想彼此汇合,启示人们需要将监禁中的疯子作为病人对待,从而打破了传统排拒疯子的监禁形态,提示未来应建立现代社会性救助空间。④ 然而,监禁体制的衰败并没有立即换来对疯子的

---

① 〔法〕米歇尔·福柯:《古典时代疯狂史》,林志明译,生活·读书·新知三联书店 2005 年版,第 101、104 页。
② 参见吴猛、和新风:《文化权力的终结:与福柯对话》,四川人民出版社 2003 年版,第 85 页。
③ 参见 Salize et al, "Placement and Treatment of Mentally Ill Offenders—Legislation and Practice in EU Member States", http://ec.europa.eu/health/ph_projects/2002/promotion/fp_promotion_2002_frep_15_en.pdf,2012 年 5 月 1 日访问。
④ 参见〔法〕米歇尔·福柯:《古典时代疯狂史》,林志明译,生活·读书·新知三联书店 2005 年版,第 602 页。

妥善处置空间,公众对疯子的态度在怜悯与恐惧之间抉择,立法者对疯子行为的规范在救助与社会安全防护之间的艰难平衡,使得监禁形态依然存在,只是这种"墙内"处置已增加对疯子的怜悯与救济因素。在各种因素相互影响下,传统监禁所折射出的纯粹排离疯子的功能已发生变化,具有保卫社会与治疗疾病的功能。需要说明的是,此种治疗依附在监禁体制中,并非完全意义上的治疗,主要是停留在思想(理论)层面,疯子的自由仍被限制,活动范围相当有限。

而真正实施治疗方法,是从19世纪之初诞生专门收留与处置疯子的精神病院开始。法国精神科医生皮内尔冒着生命危险,谴责当时不人道对待精神病患者的做法,并引发了法国精神病院的改革,即"引起基本保健、人道的居住环境以及专业的治疗方式,替代当时在欧美精神病院极为常见的脚镣、鞭笞与殴打。英国的图克仿效皮内尔废除对精神病人约束的改革运动,为精神异常者设立了'约克疗养院'"。① 在皮内尔的努力下,世界第一部《精神卫生法》诞生。精神病院的出现在一定程度上改善了精神病人的待遇,但禁闭的管理模式依然存在。"疯子既是完全自由,又是完全被排除在自由之外。"② 福柯对这场主宰的疗养院体制的新运动进行了深刻批判,认为他们所推行的精神错乱者解放运动已被异化为充满道德性的监禁。疗养院中医生对疯子的治疗虽带有一定的人道主义色彩,但实质上具有司法性质,"它把18世纪盛行的医疗法转化为处罚之道,将医学转化为司法,治疗转化为压制"。③

美国精神病学运动发起人拉什(Dr. Benjamin Rush)医生,被称为"美国精神医学之父",积极推动精神病疗法及革新精神病院的措施。然而,其虽将人道主义精神带进了精神病房,但他所倡导的某些如淋

---

① 〔美〕艾里克斯·宾恩:《雅致的精神病院——美国一流精神病院里的死与生》,陈芙扬译,上海人民出版社2007年版,第11页。
② 〔法〕米歇尔·福柯:《古典时代疯狂史》,林志明译,生活·读书·新知三联书店2005年版,第714页。
③ 同上书,第698页。

浴、放血、镇静椅与旋转椅等治疗手段又远离人文关怀的理念。这种既提倡对精神异常者权利的关爱态度，又采取愚昧且残暴的治疗行为，使得当时对待精神异常者的改革运动走向宣教的反面。治疗仍旧是道德意义兼具惩罚性，而非科学意义。"19 世纪欧洲和美国的庇护所已成为强调公共保护而不是医疗护理的监禁机构。"①

在 19 世纪之前，对待(实施危害社会行为的)精神异常者的历史可以说是一部惩罚的历史，罪恶、懒散及兽性是精神病人的代名词，这些形象均未将他们作为真正的人来对待，更不用说病人的关怀与治疗。尽管后来医生们提出改善精神异常者的待遇，将他们作为病人展开救助与治疗，然而这些实用主义的治疗仍旧带有传统的非人道、机械化及愚昧的印迹，禁闭式惩罚的理念未能减弱或消解，依然如故。从地牢出来的精神病患者又堕入精神病院，场所的变迁并未完全改变精神疾病患者被封闭在特殊空间的现实，也未有效改变精神病患者在特殊空间遭遇虐待性、歧视性、残暴性治疗的状况。随着封闭空间的转换，精神疾病患者仍然没有得到真切的关照、系统的治疗与公平的对待。改进传统对待精神病人的惩罚理念，仍需要提供更加开放的环境、科学的治疗方法与充满人文关怀的管理模式。

（二）解禁——治疗理念：在精神病院与社区之间

19 世纪后半叶欧洲的法律改革，逐渐允许对精神病犯罪人强制到精神病院提供无期限的医疗服务。而且，随着欧洲精神病院的扩展，一些地方出现了对精神病犯罪人提供专门服务的迹象。"在英国，医院可为'疯子罪犯'提供专门的病床；不过，这些新的床位应严格与普通床位隔离。由于这些'疯子罪犯'具有危险性，而且数量在不断增加，普通医院的床位显然无法满足这些人群的需要，而且还易增添安全性问题。于是，一些新的大量的安全医院被建立。这些医院既可以

---

① 〔英〕布莱克本：《犯罪行为心理学：理论研究和实践》，吴宗宪等译，中国轻工业出版社 2000 年版，第 213 页。

提供专门治疗计划,又可以达到社会防卫的目的。'疯子罪犯'通常生活在安全医院中,跟墙外的联络受到严格限制。"①法国首创对精神病人的"机构化"治疗模式在世界范围内受到推崇,但问题也随之而来。一方面,"机构化"治疗模式暴露出对精神病人不够人性化、缺乏隐私保护、隔离于社会等侵犯人权的问题。另一方面,20世纪初,一些新药物的产生,对控制精神病十分有效。"机构化"治疗模式遭遇了挑战。

于是,为进一步保障精神疾病患者的人权,世界范围内呼吁发展新的治疗方法及管理模式。在此时期,对待精神异常者的基本理念发生了实质性变化,精神疾病不再是罪恶,而是症状。精神疾病患者不再是恶魔与犯人,而是病人,他们享有与其他人同等保护的权利,对人身自由的限制需经过法定程序认可,并尽可能减少不必要的自由限制。精神疾病患者需要的不是禁闭式的惩罚,而是科学性的治疗。20世纪下半叶,随着生物医学模式向生物学、心理学、社会学模式转换,"以'病人为中心的医学'模式已经形成,该模式强调病人参与健康治疗的相关决策及取向,以实现病人的需求和期待……倡导病人权利的运动,增加了对医学权威的不信任,导致法律话语由家长式作风向病人自主权与知情同意权等权利的制度化转变。"②"机构化"本身具有空间的封闭性、救治缺乏人性化及病人隐私权未受尊重等弊端,而病人权利观念的兴起,是对"机构化"这一对待精神疾病患者的典型模式提出的巨大挑战。精神病院面临的困境,使得"去机构化"运动在欧美各国呼声高涨。美国政府最先启动去机构化改革,"将医院中的病患转移至社区照顾,并投入大量资金支持社区精神卫生立法建设"。③此后,该项改革遍及西方各国,引发了关闭精神病院的运动,大量精神疾

---

① Salize et al, "Placement and Treatment of Mentally Ill Offenders—Legislation and Practice in EU Member States", http://ec.europa.eu/health/ph_projects/2002/promotion/fp_promotion_2002_frep_15_en.pdf,2012年5月1日访问。

② Giedr?Baltrušaityt?, "Psychiatry and the Mental Patient: An Uneasy Relationship", Culture and Society:Journal of Social Research,No.1:10(2010).

③ 赵环:《从"关闭病院"到"社区康复"——美国精神卫生领域"去机构化运动"反思及启示》,载《社会福利》2009年第7期,第57页。

病患者进入社区。去机构化运动的根本目的在于取消束缚精神疾病患者背负的枷锁及与社会、家庭隔离的状态,将他们转移至社区、家庭治疗。社区治疗的优势是明显的,其可以节约精神疾病患者的治疗费用,同时,减少封闭空间的治疗对精神疾病患者的隐私权、治疗权及自由权的伤害,而且提供开放的治疗环境对病人恢复健康效果更为有利。

然而,随着去机构化运动的发展,改革走向了另一个极端,那就是许多具有良好资质的大型精神病院也被关闭,而社区又未能提供高效与高质量的医疗服务,许多精神疾病患者涌入社区并未获得积极且有效的治疗,反而为社区生活与安全带来了不安定因素。尤其是一些精神病犯罪人离开精神健康机构无法获得治疗条件后,更容易重新犯罪而再次返回刑事司法体系。由此看来,完全且有效的去机构化改革,依赖于社区优质且完善的治疗条件作为后续的保障。若社区治疗本身条件不充分,精神疾病患者可能会重新走向具有禁闭性质的空间接受管理与治疗。因此,在关闭精神病院之前,应加强社区康复的设施及完善相关条件。在社区条件短期内无法满足治疗精神疾病患者需求时,大型精神病院的存在就显得很必要,只是大型精神病院自身条件的改革仍需要受到关注。在精神病院与社区康复场所自身都存在缺陷的情形下,二者互补并存的局面将长期存在。为改善精神病院与社区的治疗条件,充分保护精神疾病患者的各种权利,各国纷纷制定精神卫生法,在一定程度上确认精神疾病患者的自主权与治疗权。联合国与其他国际性组织发布了一系列宣言与原则,将精神疾病患者的权利纳入保护范围中。① 这些宣言与原则,具体规定了精神卫生领域针对精神疾病患者的人权保障要求,主要是"个人隐私和自主权受到尊重,免受非人道或有损人格的对待,受到最少限制性环境的对待,以

---

① 譬如,《精神发育迟滞者权利宣言》(联合国,1971)、《残疾人权利宣言》(联合国,1975)、《夏威夷宣言》(世界精神病学协会,1983)、《马德里宣言》(世界精神病学协会,1989)、《精神病人人权宣言》(世界精神卫生联盟,1989)与《关于保护精神疾病患者和改善精神卫生保健的原则》(联合国,1991,又称 MI 原则),等等。

及获取信息和参与的权利"①,等等。

尽管世界范围内日益重视精神病人的权益保障,但社会防御及精神病人犯罪产生的现实危险性等问题也对政策的制定造成了很大威胁。在这种情况下,一些国家精神病人的刑事司法处遇机制正在限缩精神病人自由的条件,朝扩大社会防卫的方向努力。比如,在美国,如果被告人提起精神错乱辩护,必须以优势证据证明犯罪时罹患精神病以及即使以精神错乱辩护为理由被宣告无罪,也需要接受长期甚至高于定罪所判刑期。几乎所有因精神错乱被宣告不负刑事责任的案件,被告人都被托管到精神病院治疗。② 在英国,法院根据精神病犯罪人的犯罪性质、前科记录及将来继续犯罪的可能性,认定对于保护公众不受严重侵害的必要,而决定入院令及限制出院令。③ 并且,"对于危险且重症的精神障碍者将计划设置特别之高度保安医院。"④

总体而言,在 19 世纪之后,精神病人(包括犯罪的精神病人)处遇的历史,是一部从惩罚转向治疗的过程,在这个历史过程中,病人的形象得以建立,自由与自主的权利受到尊重与保护。⑤ 尽管精神疾病患者从精神病院飞入社区遇到了困境,或者还需要进一步的改革,但相对于地牢及传统精神病院对精神疾病患者的残暴、野蛮而言,现代的精神病院与社区处置显得更加人性化、文明化,处置空间也从封闭走向了开放。未来精神疾病患者的刑事司法处遇应不是封闭、排斥与隔

---

① 世界卫生组织:《WHO 精神卫生、人权与立法资源手册》,载 http://www.who.int/entity/mental_health/policy/legislation-chinese_withcover.pdf,2012 年 5 月 1 日访问。
② 参见〔美〕弗兰克:《美国刑事法院诉讼程序》,陈卫东、徐美君译,中国人民大学出版社 2002 年版,第 471—472 页。
③ 参见麦高伟等:《英国刑事司法程序》,姚永吉等译,法律出版社 2003 年版,第 408 页。
④ 曾淑瑜:《精神病人犯罪处遇制度之研究》,载 http://www.moj.gov.tw/public/Attachment/651915295370.pdf,2012 年 5 月 1 日访问。
⑤ 参见尤其需要说明的是,在 20 世纪初的德国,基于纳粹的残暴政策与其种族主义的意识形态,认为精神异常者带来劣等的种族遗传因素而不具有生存价值,同时易导致社会问题,而对精神异常者实施绝育与安乐死行动,其中一些精神科医生的诊断与评估为纳粹的暴行实施起了推波助澜的作用。Paul Weindling:《精神病学与纳粹暴行》,陈晓岗译,载《国外医学·精神病学分册》1993 年第 1 期,第 24—26 页。

离,而是开放、接纳与宽容,兼顾社会防御与精神病人权益保护的两大价值目标。尤其是精神卫生领域的治疗应是精神病院与社区共同打造成为一体化的处遇模式,并针对不同的精神疾病患者采取相应的治疗方案。精神卫生法对精神疾病患者权利的规定应增强宪法性保护的基础,更加规范这类群体的隐私权、治疗权、知情权、控告权、辩护权等各项权益,防止治疗过程中遭受不人道的待遇与伤害。

二、精神病人刑事司法处遇对象变迁:从"行为"到"人"

(一) 犯罪(行为)——以行为为中心的处遇

在19世纪之前,精神疾病患者没有实施危害行为之前,社会通过把精神病患者收容在监禁场所中,以此消除精神病患者在社会生活中可能带来的危险。而这种处置方式,基本没有考虑到精神病患者是否实施了危害行为,仅基于精神病的事实。① 当精神病患者实施危害行为时,社会如何应对呢? 若需了解社会应对精神疾病患者的方式,有必要梳理相关理论基础。依据刑事古典学派的意志自由论,每个人均是理性的,具有避恶扬善的自由意思;犯罪是一种恶,而有自由意思的人却能避之而实施之。② 因此,每一个犯罪人都有自由意志。同时,根据道义责任论,因为人是在自由意志支配下实施的犯罪行为,犯罪人理所应当受到法律的谴责与否定。由于人具有自由选择善恶行为的能力,处罚应当根据犯罪行为的客观危害情况决定。刑事古典学派主张的刑法客观主义,认为人是自由的、抽象的个体,可针对人之犯罪行为给予处罚,而无须考虑罪犯的精神状况、心理状况、性格、家庭背景、人际关系等。在这种情况下,刑事古典学派确立了意志自由是处罚犯

---

① 参见〔意〕加罗法洛:《犯罪学》,中国大百科全书出版社1996年版,第249页。
② 参见马克昌:《近代西方刑法学说史略》,中国检察出版社1996年版,第37页。

罪的依据,犯罪行为是处罚的对象。惩罚机制是以"行为人干了什么"作为适用刑罚的基础,而对于犯罪行为背后"行为人是什么"并未纳入考虑。基于"行为人是谁"的惩罚体系并未出现。就精神疾病患者实施危害行为而言,依据刑事古典学派意志自由及客观主义理论,因精神疾病患者不具有自由意志,不能控制自己的行为,因此,精神疾病患者不应当受到法律的非难,而应被送入精神病院。当然,若罪犯不是精神疾病患者,则应被关进监狱,接受刑事惩罚。也就是说,刑事古典学派对待实施危害行为的人,理论上存在两种处置方法,要么关进精神病院,要么关进监狱。之所以是一种理论上的处置,主要原因在于法医鉴定的缺席,无法分辨精神病人与罪犯的区别,导致在司法实践中会发生两种处置效果。一方面,精神病人与罪犯同等处置,禁闭在监狱中;另一方面,罪犯伪装成精神病人,逃避刑事处罚,但被关入精神病院。

  刑法客观主义论对当时的刑事司法运作程序产生了重要影响。根据福柯的历史考察,19世纪之前,医学鉴定并未渗透司法领域,疯子与罪犯没有经过医学知识区分与评价。也就是说,只要某人实施了危害行为,无论其精神状态是否正常,都会招致刑罚处置。在这种没有医学鉴定参与的司法程序中,疯癫与犯罪的关系就会在司法程序中缺席,谁是疯子与谁是罪犯的区分变得不重要了,因为惩罚权力的运作可以直接通过某人实施的危害行为为基础,而无须其他知识的解释与支撑。正因为此,某人实施危害行为,对他们的处置场所就是具有禁闭性质的空间。如前所述,18世纪末,整个欧洲的各种监禁措施将受法律制裁的罪犯、穷人、流浪者、疯子等一同关押。① 无论是纯粹的疯子,还是疯癫的罪犯,二者并未获得治疗,他们都是惩罚权力的对象,权力技术通过作用于他们的躯体实现惩罚效果,而未延伸至他们的精神与心理。

---

  ① 参见〔日〕樱井哲夫:《福柯——知识与权力》,姜忠莲译,河北教育出版社2001年版,第86页。

刑事古典学派理论对实施危害行为的人建构的惩罚权力运作体系,是以抽象的人自由意志为依据,以犯罪行为作为惩罚对象,体现刑罚的一般预防目的。而在17、18世纪,放荡、抛弃宗教信仰和癫狂均为道德惩罚的对象,于是"正常人"与"不正常的人"概念产生了。面对人的群体共性的逐步分野,这些疯子等"不正常的人"的非理性行动,已有针对一般的、抽象的人的"惩罚犯罪"的模式所具有的威慑与治理效果可能就变得十分有限。因此,对于特殊的、具体的"不正常的人"需建立新的治理技术与机制,体现刑罚的特殊预防目的。随着19世纪精神病学知识的发展,医学鉴定的诞生,许多"不正常的人"实施的不正常的案件,使得原有的刑事司法无法解释①,其司法权力运行的正当性受到质疑。在这种背景下,借助新的知识阐释"人之所为"可能的原因,使得惩罚权力的行使变得正当就显得十分必要。于是,新的处置机制围绕这些特殊的人及案件开始形成,该机制将目光"由刑事古典学派的抽象人转向了精神病人之类的具体人,由犯罪转向罪犯,由注视犯罪的躯体转向凝视他的精神与内心世界。"②这种新的机制,打破了传统的刑事司法程序在处置犯罪嫌疑人时,仅通过关注犯罪行为,并根据犯罪行为适用法律的"惩罚犯罪"的模式,开始引领司法视野关注"疯癫与犯罪的关系""罪犯是谁"等新的知识体系。

(二) 罪犯(人)——以行为人为中心的处遇

19世纪之初,在福柯讲述的历史中,出现了许多离奇且不可理喻的著名犯罪案件,针对犯罪行为惩罚的司法机器已无法应对,既有惩罚权力技术的使用,已无法给出恰当的理由。司法机关在处理案件时迫切需要知道"行为人是谁",需要对行为人的个体化因素诸如性格、

---

① 譬如,在1800至1835年间发生的一系列特殊的、病态的犯罪案件,参见〔法〕福柯:《法律精神病学中"危险个人"概念的演变》,苏力译,载《北大法律评论》1999年第2辑,第473—474页。

② 汪祥胜:《"精神病罪犯"的诞生与治理的转型》,载《苏州大学学报》(哲学社会科学版)2010年第2期,第47页。

精神、心理、观念、家庭背景等调查与分析。只有系统且细致的考察与知晓关于行为人的知识,控制与改造个体的新的处遇机制方显其正当性。显然,司法机关内部并不具备对行为人自身进行诊断与评估的能力,开始转向外部求助观察、测定行为人知识的各种通晓"人的科学"的专家,诸如精神病学、犯罪学、心理学的专家,为正当处理此类没有道理的犯罪案件而寻求良策。于是,当司法机关需求精神病学知识的协助并解释惩罚权力技术运作时,司法机器权力的眼睛由凝视原先的犯罪行为开始转向行为人自身。基于行为人的调查与评价,司法机器作出的惩罚裁断更多是瞄准罪犯本人,而不是犯罪行为。[1] 在司法机关听取与拒绝精神病学家意见的同时,法医鉴定也自然而然开始插手司法领域,登上了刑事司法的舞台,医生分享部分的司法权力。在此时期,医学鉴定参与司法的背景下,精神病人与罪犯在一定程度上可以分离开来,理论上区别对待精神病人与犯罪的态度在实践中逐渐明晰,即一旦确认某人是精神病人,就应该送入精神病院;若某人不存在精神状态异常,就应关入监狱实施惩罚。这与各国刑法典规定的行为人在精神错乱的状态下实施的犯罪,不承担刑事责任的内容是一致的。医学鉴定的出现,导致"疾病和责任之间,病理学的因果关系和法律主体的自由之间,治疗和惩罚之间,医学和刑罚之间,医院和监狱之间的二元划分"[2]的形成。在刑事古典学派看来,患有精神病的罪犯是不受谴责的[3],这意味着完全放弃防卫犯罪的意图,表明医学机关与司法机关对精神病犯罪的处置是二分模式,即医学机关处理精神病人,司法机关惩罚罪犯。

随着实证学派的诞生,刑事古典学派的道义责任受到否定,进而提出社会责任论与保安处分论的概念。社会责任论认为,行为人承担

---

[1] 参见〔法〕米歇尔·福柯:《法律精神病学中"危险个人"概念的演变》,苏力译,载《北大法律评论》1999年第2辑,第481—482页。

[2] 〔法〕米歇尔·福柯:《不正常的人》,钱翰译,上海人民出版社2010年版,第24页。

[3] 参见〔意〕恩里科·菲利:《犯罪社会学》,郭建安译,中国人民公安大学出版社2004年版,第293页。

刑事责任不是由于道义上应受谴责,而是为了社会防卫的需要。① 对于那些可能重复犯罪的危险个人,由法院宣判强制处分作为刑罚的补充与替代以达到预防犯罪与保卫社会的目的。② 根据实证学派的论点,危害行为的实施者除了古典学派的两种分类外,还存在第三种情况,即有些人既有精神病又是罪犯,从而制造了"精神病犯"的概念。对于此类特殊的精神病人,若司法机关宣告无罪并给予释放,无法消除危险性;若普通精神病院加以控制与收容,对其适用与无害精神病人同样的治疗措施,难以降低犯罪倾向。综合二者,实证学派建立了监管精神病犯的犯罪精神病院。各国立法对精神病犯的处置方式不同,"在法国、德国等国,因精神病而被宣告无罪的罪犯已经脱离司法当局的控制,转由行政当局进行更正规和更有效的管理;在英格兰、荷兰等国,司法机关有权甚至有义务决定精神病犯由普通精神病院还是犯罪精神病院收押或收容"。③ 近年来,随着精神病人处遇制度法治化与文明化的逐步提升,立法更加强调精神病罪犯的非刑事化处理,强调强制收容的司法化规制。比如,英国对因精神病已宣告有罪或有罪宣告判决未确立时,如若精神病人具有治疗的必要,法院可以入院治疗令替代刑罚。④ 德国已摒弃传统上由行政当局控制精神病罪犯的治疗管理问题,转向由法院审查与决定宣告无罪的精神病罪犯的保安处分。无论是行政处置,还是司法处理,西方各国对精神病犯的社会防卫措施已充分重视。社会对待精神病犯"要么监狱,要么医院"的二分处置模式走向汇合,汇聚惩罚与治疗两级的处置制度形成。该制度的建立是针对危险的个人,既不完全是病人,也不是严格意义上的罪

---

① 参见马克昌:《近代西方刑法学说史略》,中国检察出版社 1996 年版,第 143 页。
② 参见同上书,第 144 页。
③ 〔意〕恩里科·菲利:《犯罪社会学》,郭建安译,中国人民公安大学出版社 2004 年版,第 290 页。
④ 参见曾淑瑜:《精神病人犯罪处遇制度之研究》,载 http://www.moj.gov.tw/public/Attachment/651915295370.pdf,2012 年 5 月 1 日访问。

犯。① 而将"要么惩罚,要么治疗"的两端混合,精神病鉴定起着重要的连接作用。精神病学自身携带的科学知识进入司法领域,影响并改变着惩罚权力内容,"给合法惩罚机制提供了一种正当控制权力:不仅控制犯罪,而且控制个人,不仅控制他们的行为,而且控制他们现在的、将来的和可能的状况"。②

三、精神病人刑事司法处遇程序变迁

(一) 精神病人刑事司法处遇程序变迁走向:司法医学化

随着精神病学学科的日益壮大,精神病学已将触角伸向传统的刑事司法程序,并将形塑整个刑事司法体系。"在审前调查、审判和刑罚执行过程中,精神病学已直接融入各项权力的运作之中:在过去,调查只是通过收集证据与查明犯罪事实作为支撑控诉的环节,而现在则成为探求犯罪背后的罪犯的因素;量刑不再只是关注案件的严重程度,还要考虑罪犯的精神状态、前科记录、家庭环境等因素;刑罚的执行不再仅是惩罚,还要关涉罪犯的回归社会生活的目的。"③也就是说,各种专家如精神病学家、心理学家等正在诉讼各阶段分享司法权,只是有些人是在审前介入,为司法机关决定是否移交审判提供意见;有些人是在审判中插手,为法官是否决定刑罚及适用何种刑罚提供参考;还有一些人是在刑罚执行中参与,为执行机关是否执行刑罚及采用何种形式执行等,提供参照。

精神病学在刑事司法领域中的重要地位,深刻影响着司法人员与医学人员的关系以及司法机关处置精神病人的方式。就司法人员与

---

① 参见〔法〕米歇尔·福柯:《不正常的人》,钱翰译,上海人民出版社2010年版,第26页。
② 〔法〕米歇尔·福柯:《规训与惩罚》,刘北成、杨远婴译,生活·读书·新知三联书店1999年版,第20页。
③ 吴猛、和新风:《文化权力的终结:与福柯对话》,四川人民出版社2003年版,第238页。

医生的关系而言,他们是既对立又合作。一方面,司法机关需要医学人员借助科学知识参与、分析与解决案件中关涉被告人精神状态的问题,医学人员的角色更多体现为帮助裁判者发现事实,作出合理性的裁决。因此,司法机关对医学人员在刑事司法中的作用是持欢迎态度的。另一方面,无论如何,医学人员改变了传统司法人员专断裁判权的地位,正在逐渐削弱司法权力对精神病人实施犯罪案件的控制。为防止裁判权的旁落,司法机关又会在处置触法精神病人时在一定程度上限缩医学人员的决定权,比如法官裁判时不吸纳鉴定人的意见。当然,司法主体对此种排斥医学专家意见的行为若不给出充分的说理,难以让鉴定人及当事人信服,进而导致法律人与医学人之间关系的紧张。显然,司法机关又是不愿意医学人员过多介入司法裁决。司法人员与医学人员之间的既配合又排斥的微妙关系,在一定程度上影响着司法机关对医学人员扩大权力范围的限制,进而影响对触法精神病人的处置态度。英美两国的精神错乱辩护发展的历史,在一定程度上解释了两国司法机关处置精神病人态度的变化。根据英国《1800年精神错乱者刑事法》的规定,法院对犯罪的精神错乱者宣告"因精神障碍而无罪"的判决,但随着《1883年精神错乱者审判法》的颁布,判决变为"有罪但精神错乱"。[1] 20世纪80年代初,美国密歇根州提出"有罪但有精神病",随后美国有些州产生"有病有罪"的裁决,甚至爱达荷州、蒙大拿州和犹他州完全取消了精神错乱的辩护。[2] 实际上,英美两国司法裁决中话语的变化与当时对待精神病人态度的变化是一致的,反映出精神病人的身份由单一的精神病人变为含有精神病人与罪犯双重身份的"精神病犯",处置场所也由单纯的精神病院向监狱或监狱精神病医院转变。两国司法机关处置精神精神病人的方式由宽到严,反映了司法权力对医学权力的介入的慎重对待态度,也可能表明各国愈

---

[1] 何恬:《英美两国对精神病人刑事责任能力评判的演变》,载《证据科学》2008年第1期,第105页。
[2] 参见同上书,第107—108页。

来愈重视强化公共安全保护的发展趋势。惩罚与治疗、科学与法律混合的刑事司法制度成为当下各国处置触法精神病人的典型特征。

尽管司法机关力求避免或抑制医学机关参与司法的负面功能,但是个体权利与公共安全呼唤医学机关进一步发挥作用。从个体权益来看,精神病罪犯只依赖刑事司法体系的惩罚,已不能达到改造的效果,问题的中心在于罪犯有精神疾病,因此,治疗也许是关键。而要提供有效的治疗项目,充分保障精神病人的权益,必须借助医学知识的运用。从公共安全来讲,精神病人犯罪不仅需要评估刑事责任,还需评估未来继续犯罪的危险,从责任到危险观念的转变,医学评估的作用不可或缺。而且,如果危险性评估程序实践证明是有效的话,预防则可能成为未来精神病学发展的又一中心任务。由此可见,精神病学的前景不可估量。

针对"行为人干了什么"的考察,运用的是"惩罚犯罪"的司法机制;而追问"行为人是什么"的调查,运用的是"辨识罪犯"的医学机制。对触法精神病人的处置是击鼓传花式的权力接力,你方唱罢我登场,从司法转移到医学的一元形态,这是权力抗争式的妥协抱团,形成司法与医学的混合并存的二元形态。前述对触法精神病人处置历史的变迁,经历了从惩罚犯罪到惩罚罪犯,再到治疗罪犯的历程,相应的处置机制也从司法向司法与医学并存的模式转移,这是一种既不同于司法规则的适用,也不同于医学规范的运用,而是一种医学融入司法产生的全新类型,即司法的医学化。这种新形态的机制与传统机制的主要区别如下:

首先,两者关注的对象不同。前者主要关注犯罪行为,即行为人实施何种犯罪,受到何种惩罚?后者关注不仅仅是犯罪、疾病,还重点瞄准罪犯主体,即行为人精神是否正常,心理是否健康,性格是否异常,个体是否危险?等等。

其次,两者运行机理不同。前者是为了通过调查与审讯等司法程序,找出行为人并根据犯罪行为的轻重程度给予刑罚制裁;后者是在控制犯罪与审判案件的司法过程中,增加医学判断环节以此全面而深入地"辨识罪犯",尤其是通过精神病学、心理学等方面的知识认识与分析罪犯为什么犯罪,适用何种矫正措施对其改造与回归社会有利。

再次,两者运用的处置手段不同。前者处置的对象是犯罪行为的严重程度,而甚少考虑罪犯主体因素,因此,处置带有惩罚性质而不具有矫正作用。后者处置的对象是精神病罪犯,除了关注犯罪行为之外,更多注重研究诱发罪犯实施犯罪行为的个体及社会环境因素,并将罪犯作为社会疾病对待,目的在于对精神病罪犯的控制、改造与矫正,使其能够恢复正常与回归社会,尤其是有病又有罪的精神病人更是如此。而且,精神病罪犯在监狱与精神病院之间转移,甚至为消除精神病罪犯的危险性,极端的强制医疗可能有时是必要的。① 从这个意义而言,惩罚与治疗及其他矫正措施的边界变得模糊,新的处置已突破传统司法处置与医学处置的功能,混合惩罚、治疗、教育等多项功能,创造了以矫正为目的的多样化处置方式。因而,这种全新的处置类型带有消除这些诱因,治疗社会疾病的性质。惩罚与治疗原本分离的两端在精神病罪犯身上得以汇合,司法权力与医学权力协力治理的逻辑已然形成。

最后,两者处置目的不同。处置对象及手段的改变,使得处置目的随之变化。前者面对的个体要么是精神病,要么是罪犯,相应的处置方式要么是惩罚,要么是治疗的非此即彼的二元对立形态。然而,传统二元独立的处置模式,已不能矫正精神病与罪犯结合而可能产生的再犯的危险。后者为解决精神病罪犯这类群体的特殊问题,以减少他们的危险性与实现社会防卫为目的,通过特殊与综合矫正手段改善精神障碍状态,使其正常回归社会。此种处置可以实现"反常"改造为"正常","危险性"矫正为"安全性","暴力性"驯化为"温和性","反抗性"控制为"服从性"等多样化目的。

总之,医学对刑事司法程序的塑造,促使"辨识罪犯"的医学机制

---

① 比如,针对频繁实施严重犯罪且治疗失败的精神病人采取具有创伤性的外科手术,以达到剥夺犯罪能力的目的。

形成,并在刑事司法制度中发挥日益显著的作用。法律人与医学人之抗争与妥协成为刑事司法制度的重要面相,司法医学化为未来精神病人刑事司法处遇机制的发展走向。惩罚与治疗混合于一体的刑事司法制度得以创造,尽量转移进入刑事司法程序的精神病人,不仅是司法机关的义务,同时也是医学机关的职责。问题的关键是如何协调司法人员与医学人员之间的权力配置,无论是惩罚还是治疗,都能在处置触法精神病人过程中产生最佳效果。也就是说,无论是司法与医学的分立处置还是汇合处置,都需要在保障精神病人权利与保卫社会之间实现个体利益与公共利益的目的最大化。

(二) 精神病人刑事司法处遇程序变迁的具体体现

精神病学参与司法,改造了传统刑事司法体系,为传统刑事司法增添了新的因素。这些新的因素包括:刑事司法作用的对象由犯罪行为向犯罪人转变,刑事责任的内涵由有病无罪向有病有罪转变,刑罚目的从单一性(惩罚)向多元化(惩罚、治疗或矫正)转变。这些新的因素,同时也在改变着精神病人的处置程序,并呈现出若干重要的特征。

1. 刑事司法作用的对象与精神病人刑事司法处遇程序

传统刑事司法体系是以过去发生的犯罪行为或犯罪事实为对象,追查"谁是凶手",构建以犯罪行为或犯罪事实为中心的刑事诉讼程序。这突出表现在两个方面:一方面,从犯罪行为到犯罪人的回溯性审查程序。根据已存在的犯罪行为,司法机关收集证据与甄别线索,围绕可能实施犯罪行为的行为人展开调查,通过对犯罪行为的思考,刻画行为人可能具有的条件与行动的范围,以此锁定与发现行为人。另一方面,犯罪事实的审查与判断。客观存在的犯罪事实需要审查与判断,以确认能否作为定罪与量刑的依据。而犯罪事实的认定依赖于诉讼构造,不同的诉讼构造对事实的发现与认定存在差异,这也决定着刑事诉讼中的定罪与量刑的事实存在复杂性、虚假性、构造性。但无论如何,犯罪事实总是客观存在的,对确认有罪与刑罚就具有约束意义,避免着眼于抽象的、模糊的主观因素的定罪与量刑变得随意性。因此,为限制法官自由裁量权的扩张,追求实体事实的发现就成为司法任务中的重要层面。

现代刑事司法体系着眼于犯罪后未来对犯罪人的改造与矫正,拷问"凶手是谁",建立以犯罪人为中心的刑事诉讼程序。该程序除了符合传统刑事诉讼程序的特征之外,还具有如下特质:(1) 量刑增加追查犯罪人个体因素的程序。量刑不再以罪刑法定原则为唯一的依托,刑罚的裁量将司法运转中无法证明、缺乏逻辑推演的不确定性的个体因素纳入考量,犯罪行为与犯罪人同时进入刑事司法视野。为追求司法机器良性运转,反映量刑在个案处理上的合法性与合理性,借助科学知识反复探查犯罪人的个体因素,就成为惩罚合乎道德性与舆论性的前提。比如,量刑前的调查制度即是在量刑前对犯罪人个体因素的测评,包括对犯罪人的家庭环境、人际关系、性格特征、职业状况、精神状态、健康状态、犯罪前科等内容。(2) 执行期间,定期检测与评估某些犯罪人的危险性。不同的犯罪人对社会的危险性存在差异,因此,在刑罚执行期间可根据犯罪人的危险性而变更刑罚种类。而要使刑罚变更与犯罪人的危险性相适应,定期对犯罪人的危险性观察与评价就显得尤为必要。通过对某些犯罪人的危险性评测,根据测评结果与危险等级分类,对犯罪人采用动态的刑罚矫正体系,使刑罚适用随着执行期限变化更符合犯罪人当时所处之状态。无论是量刑前的调查,还是执行期间的危险性状态监测,均表明现代刑事司法体系已将目光移动到具体犯罪人身上,目的是使作用对象的司法权(包括惩罚、治疗、教育等多种权力)运作更具正当性与有效性,同时也使犯罪人的处置更具个别化、科学化。

显然,传统与现代刑事司法作用对象的变迁,对精神病人的处置程序也产生了重要影响。进入刑事诉讼的精神病人是具有双重身份的人(有病又有罪),其实施犯罪行为大多因疾病所致,对这类群体的处置应着眼于构建犯罪后的矫治程序,以避免重新犯罪与消除社会危险性。上述针对一般犯罪人个体因素的处置程序,同样适合精神病人。同时,还可在此基础上细化与拓展。比如,判决前调查制度应重点关注精神病人有无服刑能力,是否存在重犯危险。若精神病人有服刑能力,需要考虑何种刑罚更有利于矫正。若精神病人有重犯的危险,需要关注何种医疗性措施更有助于治疗。再如,在对精神病人执行刑罚的过程中,执行机构经过审查与评估,认为精神病人具有较低的社会危险性且刑期较短时,可以适用附条件释放制度,送交社区看护与治疗。

2. 刑事责任的担当与精神病人刑事司法处遇程序

精神病鉴定颠覆了传统的刑事司法运作模式,使得犯罪人承担刑事责任的含义发生转变。这主要集中于两方面。一方面,行为人在精神错乱的状态下实施犯罪行为,不承担刑事责任。致刑事司法体系关闭,行为人不再受惩罚,由精神病院、家庭治疗与监管。另一方面,行为人虽在实施行为当时处于精神错乱状态而可能无须承担刑事责任,但自身具有的社会危险性并未消除,重犯及危害社会的原因依然存在。于是,重视社会防卫的理念构建了"有病又有罪"的精神病罪犯的概念。刑事司法体系重新开启,行为人"要么赎罪,要么治疗"的二元处置模式开始消解,混杂惩罚与治疗的一元规范化处置模式逐渐形成,并成为一定时期内主导型的处置形态。

刑事责任担当的变化对精神病人的处置程序也在发生作用。根据各国的刑法理论,精神病人的刑事责任能力可分为三个等级,即完全刑事责任能力、部分(或限制)刑事责任能力与无刑事责任能力。[①] 其中,无刑事责任能力人不承担刑事责任,应该免除刑罚,部分刑事责任能力人需承担刑事责任,可以从轻或减轻处罚。精神病人实施危害行为后首先面临司法处置,根据精神病人实施犯罪的严重程度,可将案件类型划分为轻罪与重罪。若将精神病人的刑事责任能力、案件性质与司法处置程序进行组合,逻辑上,精神病人实施犯罪的司法处置程序可分为三类,即完全刑事责任能力精神病人实施轻罪与重罪案件

---

① 参见刘白驹:《精神障碍与犯罪》,社会科学文献出版社 2000 年版,第 708 页。

的程序、无刑事责任能力精神病人实施轻罪与重罪案件的程序及部分刑事责任能力精神病人实施轻罪与重罪案件的程序。一般而言,完全刑事责任能力者对其行为负完全的刑事责任,司法机关应当给予正常的处置。无刑事责任能力者对其行为不承担刑事责任,刑事司法体系关闭,按照精神卫生法规定的社会安全网进行调整。比如,美国对"有病无罪"的触法精神病人实施民事监禁,德国对无刑事责任能力的精神病人执行保安处分。关于部分刑事责任能力者对其行为承担刑事责任的情形,司法机关应按照刑事法与精神卫生法连接的刑事网与社会安全网共同配合调整。事实上,部分刑事责任能力的精神病人实施不同轻重的犯罪行为,司法机关各阶段可分别采取不同的处置。部分责任能力的精神病人实施轻微的案件,一些国家的刑事法及精神卫生法规定司法机关可将精神病人从刑事诉讼程序中分流出去,要求其接受社区精神医疗与救助。然而,司法实践中,世界各国处置触法精神病人时,愈来愈模糊刑事责任能力问题,即认定精神病人存在犯罪行为,处置更多考虑的因素是违法及危险性因素,而对于刑事责任能力的大小关注弱化,这也在一定程度上反映了世界各国在精神病人利益与社会公共安全利益之间的选择位序问题。无论如何,刑事司法体系与精神卫生体系的协商配合处置模式,成为世界各国对待精神病人犯罪的主要方式,而且这也符合精神病人治疗与救助的需要。

3. 刑罚目的与精神病人刑事司法处遇程序

刑罚目的论先后经历了报应主义、功利主义与现代多元化的三种理论体系。① 基于刑罚报应主义立场的论者主张,犯罪嫌疑人、被告人实施犯罪理应受到报应与惩罚,适用刑罚本身就是正义的要求。② 而秉持刑罚实用主义或人道主义观点的论者却认为,对犯罪嫌疑人、被告人惩罚的效果不仅倾向于被害人与公众的利益,也应关注属于社区

---

① 参见蔡维力:《刑事程序多元化与刑罚相对个别化的契合——论刑事司法改革对现代刑罚观的应然回应》,载《法律科学》(西北政法大学学报)2012年第1期,第65页。
② 参见〔日〕西田典之:《日本刑法总论》,刘明祥等译,中国人民大学出版社2009年版,第11页。

成员中的罪犯的利益,①即惩罚应考虑罪犯改造及回归社区的可能性,提倡宽容与理性的刑罚。现代刑罚观由一元走向多元化,"涵盖惩罚、威慑、矫正与修复等元素,强调综合关照国家、犯罪人与被害人的利益"。② 刑罚目的的嬗变历程,反映了针对个别行为人为对象的特别预防理论在刑事司法中受到关注与运用,刑罚个别化已成为世界趋势,其最大的贡献就在于改变刑罚的执行理念,如监狱的惩罚目的转向犯罪人回归社会及防止再犯的特别预防目的。③ 精神病学介入刑事司法,针对精神病人的具体情况适用不同的刑罚理念,将牵引刑事诉讼中对精神病人的处置程序,使得此种诉讼程序多元化的样态在司法实践发挥最大的功效。具体而言,在不同的诉讼阶段,刑罚个别化对触法精神病人处置程序的引导存在不同表现:

在侦查阶段,精神病人犯罪的应对方式呈现多元化及层级化特征。所谓多元化,即警察对精神病人的行为性质及后果进行判断而以多种方式应对;所谓层级化,即警察对精神病人的应对方式呈现出一定的梯度。经过笔者的研究,世界范围内精神病人犯罪大多是轻罪案件,仅有少部分是暴力犯罪并带来重大恶性结果。④ 有鉴于此,一些国

---

① 参见〔美〕布莱恩·福斯特:《司法错误论:性质、来源和救济》,刘静坤译,中国人民公安大学出版社 2007 年版,第 238 页。
② 蔡维力:《刑事程序多元化与刑罚相对个别化的契合——论刑事司法改革对现代刑罚观的应然回应》,载《法律科学》(西北政法大学学报) 2012 年第 1 期,第 67 页。
③ 参见林钰雄:《刑事法理论与实践》,中国人民大学出版社 2008 年版,第 205 页。
④ 尽管没有系统资料证实,但通过一些研究,仍然能够说明警察接触到的大多数精神障碍者很少实施严重犯罪。譬如,英国伯明翰大学司法精神病学高级讲师 Martin Humphreys 认为,大部分精神障碍者甚少犯罪,即使犯罪也是相对轻微。See Martin Humphreys, "Aspects of Basic Management of Offenders with Mental Disorders", Advances in Psychiatric Treatment, Vol. 6: 22 (2000). 美国宾夕法尼亚大学教授 Engel and Silver 通过 1996—1997 年实施的警务社区计划与 1977 年的警察服务研究中关于警察行为展开多区域的实证研究数据,以此检测警察适用逮捕与精神障碍嫌疑人之间的关系。研究结果表明,精神障碍嫌疑人普遍涉及轻罪问题,而不是严重的犯罪。See Engel and Silver, "Policing Mentally Disordered Suspects: a Reexamination of the Criminalization Hypothesis", Criminology, Vol. 39, No. 2: 245 (2001). 美国南伊利诺伊大学与犯罪研究中心的 Wells and Schafer 通过对来自印第安纳州北部的 5 个警察局 126 名警察应对精神障碍者的几个重要问题的态度或观念展开问卷调查,研究发现警察接触的精神障碍者涉及严重犯罪仅占 1%;与此相反,涉及妨害公共秩序犯占 69%,轻微犯罪占 8%。在犯罪类型上,暴力与财产犯罪仅占 2%,与秩序相关的犯罪高达 85%。See Wells and Schafer, "Officer Perceptions of Police Responses to Persons with a Mental Illness, Policing: An International Journal of Police Strategies and Management", Vol. 29. No. 4: 585 (2006).

家重点关注精神病人实施的轻微案件并对这些案件进行程序分流,慎用逮捕等羁押性强制措施。就精神病人实施轻微刑事案件而言,程序分流包含两方面的含义,一方面,警察将行为人转移出刑事司法程序,免受看守所羁押,可实现精神病人早日回归社会的特别预防目标;另一方面,由于精神病人犯罪的原因比较复杂,精神疾病与犯罪之间存在一定的关联,具有潜在的社会危险性,在一定条件下存在继续犯罪的可能性。于是,警察将实施轻微刑事案件的精神病人移送精神卫生机构治疗,可实现防止再犯的功能。综合二者,侦查阶段对实施轻微刑事案件的精神病人运行分流程序实现了特别预防的目的。另外,针对疑似精神病人犯罪,在犯罪现场尝试与精神病人沟通,对其犯罪的严重程度进行评测。若是轻微犯罪,警察应慎用逮捕等羁押性措施,将精神病人移送至精神卫生机构诊断、评估。侦查阶段对精神病人的处置实践依赖于警察与精神卫生机构的密切协作,警察干预危机的训练与多学科知识人员的参与是十分重要的。比如,美国警察应对精神病人犯罪主要采取两种方式。① 一是精神病人行为满足从事紧急精神评估的标准,警察有权将个体移送到指定的精神卫生机构(通常是急诊室或一般医院)。二是精神病人行为已违背刑事法律,警察可逮捕个体。对精神病人的逮捕程序跟违背刑事法律的一般人相同。但是,实践中,为减少精神病人的刑事化处理,警察在逮捕前阶段将精神病人过滤出刑事司法程序,这主要是通过警察应对精神障碍者的三种模式实现。"(1) 警察机关中专门的警察应对模式。该模式运行主要依赖接受专门的精神卫生培训的警官,为社区一线警察提供应对精神健康危机的信息,扮演与精神卫生系统联络的角色。(2) 警察机关中专门的精神卫生应对策略,在此模式中,警察局聘请精神卫生专家(不是警官),为警官提供在场和电话咨询。(3) 精神卫生系统中专门的精

---

① Teplin 提出了警察应对精神病人的三种方式,但其中的非正式方式是针对精神病人行为没有违背刑法的情形,因此,在文中仅涉及两种方式。See Teplin, "Keeping the Peace:Police Discretion and Mentally Ill Persons, National Institute of Justice Journal", No. 244:9(2000).

神卫生应对策略。在此种传统模式中,当地警察局与移动的精神健康危机团队建立伙伴关系或合伙协议,该团队是当地社区精神卫生服务系统的一部分,与警察局保持独立,以此应对事件现场的特殊需要。"①

除了美国警察对轻微犯罪的精神障碍者采取专门应对方式与过滤刑事司法系统外,其他国家同样存在类似程序。比如,英国警察对实施轻微刑事案件的嫌疑人的分流程序,本身就包含了对精神障碍者犯罪处置的实践,即可通过告诫或附条件警告,将精神障碍者分流出刑事程序,而交由精神健康及其他社会机构处理。② 另外,加拿大警察可对精神障碍者非刑事化分流,即对实施轻罪、无暴力的犯罪的精神障碍者在逮捕前或立案前行使自由裁量权,将其过滤出刑事司法程序,通过医疗服务替代刑事制裁。③

在起诉阶段,适用暂缓起诉制度。精神病人犯罪由于刑事责任能力的类型及犯罪轻重程度不同,对公共利益的危害性亦不同,检察机关在起诉过程中应对此衡量与评估,作出满足公共利益与个体利益需要的裁量决定。对精神病人适用暂缓起诉,有助于兼顾上述两个价值目标。根据精神病人实施犯罪的具体情况,暂缓起诉制度将规定一定的考验期限,并设置特定义务,若精神病人在考验期限内完成检察机关附加的义务,如接受治疗、定期汇报、参加工作等,检察机关可以决定不起诉。若精神病人违背义务,检察机关可立即提起公诉。从暂缓起诉附加义务的性质考察,因精神病人不同于一般犯罪主体,为体现处置个别化理念,附加义务的性质应倾斜对精神病人的特别保护。也就是说,对精神病人之附加义务应不同于主要表现为惩罚性与教育性的已有类型,需对因疾病而致犯罪的精神病人提供具有改造性与恢复

---

① See Borum et al,"Police Perspectives on Responding to Mentally Ill People in Crisis: Perceptions of Program Effectiveness. Behavioral Sciences and the Law", Vol. 16, No. 4:395 (1998).
② 参见麦高伟等:《英国刑事司法程序》,姚永吉等译,法律出版社2003年版,第158—162页。
③ See Livingston, Criminal justice diversion for persons with mental disorders: a review of best practices. www.cmha.bc.ca/files/DiversionBestPractices.pdf,2012年5月1日访问。

性的适用条件。对精神病人附加科学化与个别化的义务应是偏向治疗性与救助性的条件。因此,附条件暂缓起诉应以精神病人定期接受诊断、治疗与评估作为基本条件。

以美国为例,精神病人如果同意参与治疗计划设定的期间和完成所有计划内容,检察官可决定暂缓指控。精神病人如果成功完成治疗计划,检察官将撤销或减少指控。在美国密苏里州杰斐逊县,实施轻罪或无暴力的重罪且具有长期精神病史或治疗史的被告人,必须同意集中治疗 6 个月到 1 年;当治疗成功完成时,检察官可撤销指控。① 不过,被告人如果违背治疗计划的相关规定,检察官可选择继续指控。在英国,检察官可根据警察告诉的案件情况及精神病人治疗的紧急性与公共安全维护之必要性综合考虑,可以作出撤销起诉的决定。②

在审判阶段,适用特别法庭审理。精神病人为特殊犯罪主体,若在通常诉讼结构下接受审讯与质询,会增大压制性与耻辱感,无益于体现审判阶段对精神病人发挥个别化处遇的作用。因此,刑事程序有必要引入特别法庭审理制度,为精神病人提供科学且有效的保护。特别法庭审理制度的产生,主要源于治疗法学理论。治疗法学理论认为"法律自身具有治疗的功能,即作为一般社会力量的法律规则、法律程序和法律行为者(主要是律师和法官),能够产生治疗性或非治疗性的效果"。③ 在刑事司法程序中,应"摒弃传统对抗式的诉讼结构,倡导在恢复性程序中提升法庭作为积极治疗剂的作用。在现代性诉讼结构下,法院可通过发挥自身作用,减少被告人对精神病的耻辱感,增强被告人的自主权,促使个人参与司法并对所作决定承担责任"。④ 在该

---

① See Council of State Governments, Criminal Justice/Mental Health Consensus Project. www.ncjrs.gov/pdffiles1/nij/grants/197103.pdf,2012 年 5 月 1 日访问。
② 参见何恬:《重构司法精神医学/法律能力与精神损伤的鉴定》,法律出版社 2008 年版,第 171 页。
③ Wexler, "Therapeutic Jurisprudence and the Criminal Courts. william and mary law review", No. 1:280(1993).
④ Poythress et al, "Perceived coercion and procedural justice in the Broward mental health court. International Journal of Law and Psychiatry", No. 25:518—519(2002).

理论的推动下，试图运用公平程序与适当的治疗手段干预及减少侵犯精神病人权利的精神卫生法庭得以产生。精神卫生法庭由一个团队组成，成员主要有辩护律师、检察官、办案人员、治疗专家、社区监督人员等，起初其功能主要是应对没有暴力犯罪历史的精神病人实施轻罪的案件。随后，作为解决问题的精神卫生法庭的功能不断扩大，可以受理与处置诸如毒品、家庭暴力、社区纠纷及假释再入狱的案件。精神卫生法庭除减少司法决策对精神病人的强制性与提升其程序正义感知之外，还注重公共利益的保护。这主要是精神卫生法庭通过建立动态风险处置程序来实现的，此程序涉及法院的定期审查与评估，实时监督案件的处理。①也就是说，精神卫生法庭对精神病人的危险性定期观察、测定，并决定是否治疗或释放，从而协调保障个体权利及保护公共利益的平衡。

在执行阶段，适用医疗与有条件释放制度。

（1）监狱与专门卫生机构的医疗制度

触法精神病人身份从精神病人到精神病罪犯的历史演变，也直接影响着司法机关处置模式的嬗变，尤其反映在监控场所由一般精神病院、监狱向专门或监狱精神病院的转型。这必然涉及如何在专门或监狱的治疗场所适用医疗性措施的问题。一般而言，针对精神病人犯罪的严重程度及存在的重大、明显或迫切危险状态与刑罚执行期限等因素，由行政机关或司法机关决定处置场所。比如，在法国，精神病犯罪人是一种特殊的病人，既然法院已经承认精神病犯罪人不负刑事责任，对病人的处理就不应再由法院处理，而由专门的精神科医生与省长管辖的权力机关解决。②与法国不同，德国、英国等国家命令收容精神病人的决定必须由法官作出。就专门精神卫生机构而言，其职能不再是治疗精神障碍本身，同时也承担着减少甚至消除精神病人危险性

---

① See Mental Health Courts, http://en.wikipedia.org/wiki/Mental_health_court, 2012年5月5日访问。

② 参见《法国新刑法典》，罗结珍译，中国法制出版社2003年版，第295—296页。

的功能。除了专门精神卫生机构的治疗外,监狱中的矫正复归的医疗机构也承担着对精神病人的强制治疗任务。这既包括服刑过程中对精神病人的治疗护理,也包含假释或刑满释放后防止其再犯而提供的康复训练援助。无论是专门精神病院,还是监狱精神病院,这使得监狱与医院的各自功能模糊化,监狱似乎承载着医院的治疗功能,医院似乎承担监狱的改造功能。

(2)对精神病人的有条件释放制度

不同国家以及国家的不同地区对精神病人的继续住院及释放出院的审查形式不同。一般而言,此种审查主要体现为两种性质:① 行政审查,即病人经过治疗一定期限,精神卫生机构的医生可直接根据病人的具体情况决定随时释放。比如法国与美国的某些州。① ② 司法性质,即法院通过审理决定是否释放病人,若对病人的诊断及评估意见显示其不具有社会危险性,法院可作出释放的决定;若病人仍然具有高危险性,法院可以作出延迟出院期限,甚至为保护公共安全而将病人长期限制在精神病院中的决定。比如,德国、美国的一些州。不过,值得关注的是,美国一些州已将假释制度的新实践适用于精神病犯罪人,这对促进他们复归社会的能力,产生了较为重要的作用。与一般犯罪人假释条件不同,精神病犯罪人在服刑一定期限后,对精神病犯罪人的假释条件通常是服用一定的药物及参加康复与治疗项目。若假释审查委员会通过家庭成员、精神卫生服务人员、治疗专家、社区成员等处了解到被监管的精神病人违背释放条件,假释官员将通知假释审查委员会要求听审,个体可能被送回监狱。

---

① 参见何恬:《重构司法精神医学/法律能力与精神损伤的鉴定》,法律出版社2008年版,第168页。

四、精神病人刑事司法处遇机制的
反思:悖论与正解

(一) 悖论

医学化的司法对精神病人处置机制的形塑,反映司法的现代性与进步性,有助于实现保障精神病人的权益与保卫社会的目的。然而,医学化的司法也引发现了代刑事司法的独特问题,那就是对司法正义的挑战与精神病鉴定可能创造的危险。

1. 司法正义受到挑战

精神病学参与司法改变了刑事司法作用的对象,即从关注犯罪行为转变为关注精神病罪犯。同时,也改变了司法处置模式,即从司法惩罚机制转变为精神病治疗机制。无论是司法关注重心的变化,还是司法处置模式的变迁,两种转化重新塑造司法权力,使得司法权力与医学权力并存于司法运作的过程中,崭新的权力形式——医学化的司法被生产出来。然而,在刑事司法实践中,司法本来的意义是以适用抽象性、概括性、普遍性等确定性的法律规则为重心,通过刚性与闭合的法律运作的程序解决控辩双方的争点,力求作出公平、公正与有效的判决,将刑事法治蕴含的"同样情况同样对待"的司法正义理念放在首要位置。而精神病学将行为人的具体性、多样性、特殊性等不确定性的危险性因素掺入诉讼过程中,通过软化的、开放的与弹性的精神病学知识解释行为人个体的精神状态,试图作出个别化、有差别与道德性的裁断,将司法处置体现的"具体问题具体分析"的个别化理念放在优先位置。这必然使刑事司法运作由于法律规则知识与技术调整的弱化而变得无法用正常逻辑推演并作出确定性的判决,出现一些不可捉摸、模棱两可甚至不符合司法规律的异常或例外。显然,在这些异常或例外的事态下,触法精神病人的混沌处置就不可避免,司法正义将面临危机。为此,检讨医学化司法在触法精神病人处置机制中的作用,首先应当反思此种变革是否达致与强化司法正义的目的,以及如果未能达到这一目的,改进的方向如何。

2. 精神病确认程序构造的危险

精神病确认程序是对行为人是否承担刑事责任、有无受审能力及服刑能力的诊断与认定程序。现代意义上的精神病确认程序,可在不同诉讼阶段观察与测定行为人的精神状态,精神病确认作出的意见在一定程度上决定着司法机关对触法精神病人的处置结果。因此,精神病确认程序提出意见的准确性与可靠性对精神病人的处理正当与否至关重要。司法机关可以评判善恶与是非,却不能确定精神状态与危险性,仅能依赖鉴定人的鉴定意见作出法律判断。然而,鉴定意见虽属科学知识,但其科学性与权威性并非无可置疑,而且许多情况下竟然存有很高的不确定性。在这种不确定性的鉴定意见面前,司法机关需要借此裁决作出确定性的判决就难以达到。同时,这种不确定的鉴定意见易创造一个并非真正意义上的精神病人的危险,导致司法机关据此适用的诉讼程序出现任意性与主观性的事态。这种处理也使得鉴定人成为隐而不显的法官,在一定程度上主导与决定着审判结论。很明显,精神病确认程序本是司法过程中的一个环节,是司法机关决定后期处置的工具与依据,仅作为参考而非结论。若其本身仅具有制约精神病人危险性的作用,而又无相应的监督机制,对生活在现代社会中心的人而言是危险的,也是不幸的。为此,在现有医学化司法的冲击下,刑事司法的进一步改革就不得不认真检讨精神病确认程序在司法中的缺陷,探寻一条既能充分发挥精神病鉴定意见在刑事司法中的积极作用,又能缩减鉴定意见的不确定性,提升鉴定意见的确定化程度的改革方案,从而达致逐渐消除构造精神病人不可靠的危险的目的。

综上所述,医学化司法形态下的精神病人处置机制表明,医学化司法突破传统刑事司法正义的框架,将个别化刑罚、科学化的知识镶嵌于司法运行机制中,这虽然丰富了精神病人的保护的形式与内容,有助于凸显实质正义的价值,但却扩增了司法裁判的不安定性,无益于实现形式正义的价值。展望未来,医学化司法形态下的精神病人处置机制的建设,应是渐进地推行以克服其不安定性与不确定性,强化其稳定性与确定化为改进方向。

(二) 正解

医学化司法形塑了精神病人处置机制,使得传统司法机制面临挑战。为促进精神病人处置机制的正常运作,需要作出进一步的调整与改进,以减少甚至抑制医学化司法徒生过强的弹性及开放性的流弊,力求发挥其优质作用。域外主要从以下方面检讨与改进。

1. 立法层面的规范

医学化司法形态下对触法精神病人的精神状态确定不统一,精神病鉴定专家的意见往往与刑事司法裁判不一致,很重要的原因在于立法上对精神病人刑事责任能力问题的规定。一般而言,许多国家的刑法均规定,行为时处于无责任能力的人,不被追究刑事责任;处于限定责任能力的人,减轻处罚。根据立法是否列举承担刑事责任的精神疾病种类,可以分为列举式与概括性立法模式。明确列举式的立法模式主要以德国为代表,《德国刑法》第 20 条规定了行为人行为时不负刑事责任的范围是"病理性精神障碍、深度的意识潜乱、智力低下或其他严重的精神反常"。[1] 模糊非列举式立法模式为一些国家的通常做法,如《日本刑法》第 39 条规定:"心神丧失人的行为,不处罚。心神耗弱人的行为,减轻刑罚"。[2]《法国刑法》第 122-1 条规定行为人不负刑事责任的范围是"患有精神紊乱或神经精神紊乱,完全不能辨别或控制自己行为的人"[3],等等。抛开立法规定,精神医学与刑事司法本身为专业差别较大的两个领域,精神医学者不懂法学,刑事司法者为精神医学方面的外行,二者借助专业知识对精神病人犯罪的判断就难以达

---

[1] 《德国刑法典》,徐久生、庄敬华译,中国法制出版社 2000 年版,第 48 页。
[2] 《日本刑法典》,张明楷译,法律出版社 2006 年版,第 21 页。
[3] 《法国新刑法典》,罗结珍译,中国法制出版社 2003 年版,第 9 页。

成一致看法。如果立法对精神障碍范围的规定无法明确，就更容易导致精神医学专家与刑事司法人员在理解上的分歧。因此，对精神医学者与刑事司法者而言，缩减与避免歧异并取得共识之理想做法，应是由立法对精神障碍之范围作较为精细与系统的规定。然而，精神障碍之问题在精神医学领域异常复杂而多样，采取何种标准界定与细化，成为立法者的难题。

综览世界各国对精神障碍问题的刑事立法史，关于精神病人刑事责任能力的规定大致经历了从医学标准、法学标准到混合式标准的变迁。医学标准（或生物标准）是指通过精神医学鉴定，确认行为人是否满足精神障碍的要素，从而确定行为人的精神状态。显然，单纯依赖医学标准判断行为人的刑事责任能力是片面的，因为此标准无法解释许多精神病人不一定实施犯罪行为的情形。法学标准（或心理标准）是规定辨认或控制能力的方法，从心理方面阐释精神病人实施犯罪行为的原因及责任承担的实质内涵。但若完全以法学标准界定精神病人刑事责任能力，亦会出现司法裁判之高度不确定性，使司法裁判丧失基于判断的基础与依据。因此，无论是医学标准，还是法学标准，均非认定精神病人之刑事责任能力的科学、可靠及有效的标准。混合式标准是将医学标准与法学标准结合起来评定精神病人刑事责任能力的方法，具有两方面的含义：一方面，医学标准对精神障碍范围的界定过宽，法学标准可以从心理角度阐释精神障碍与犯罪行为之间的关联，从而限缩医学宽泛的标准与达致相对确定的范围；另一方面，法学标准直接评定精神障碍与犯罪行为之间的关系，使得司法裁断过于含糊而呈现较强的不安定性与随意性。医学标准为法学标准注入了确定化与安定性因素，基于法学标准推演的裁定获得了正当性基础。这样，混合式标准的判断方法就可分为两个阶段：第一个阶段为精神医学专家对行为人的精神状态进行测评，从生理原因剖析行为人是否存在精神障碍；第二个阶段为刑事司法人员根据鉴定意见判断行为人在此精神状态下是否不能辨认或控制自己的行为。混合式标准弥补了医学与法学标准之缺陷，将二者结合起来共同评判精神病人的刑事责任能力问题,使得裁判结论具备科学性与可预测性。同时,此标准将精神医学专家对行为人精神状态的鉴定与刑事司法人员对行为人辨认或控制能力的判断相结合,可以弥合精神医学与刑事司法之间的裂痕,防止评价层次的错位、混乱与歧异。

由于混合式标准在确认精神病人刑事责任能力方面的优势,现代许多法治国家均将此标准纳入了立法轨道。然而,正如前述,许多国家的立法并未完全确立精神障碍的范围,其中仍存在医学标准的模糊化,使得据此评价的法学标准难以有效匹配与衔接,最终的裁判结果难免流于形式化、差别化、个别化之现象,尤其是对精神障碍这一本身处于社会中的异常或例外的现象,更需确定化的原则与制度拘束自由性的裁断。因此,进一步消除立法规则之间的抵牾,填补立法中的空白,发挥立法的解释技术,可以使裁判结果更具合法性与合理性。

另外,需要注意的是,刑事司法机关不仅需对犯罪时行为人的精神状态进行审查,还需要对犯罪后行为人的危险性实施评估,以确定与行为人状态相适应的保安处分。这就涉及精神病人再犯或危害公共安全的危险性评估及判定保安处分与刑罚执行问题。对于精神病人犯罪后,刑事司法机关需对犯罪时为无责任能力或限制责任能力人评测是否具有危险性,认为其仍可能再次违法、犯罪或危害公共安全的,可以作出裁断剥夺自由的处分。由于保安处分的表现形式不同及与刑罚执行衔接的差异,同时并非所有精神病人犯罪后均具有危险性,因此,世界各国的立法均对此作出了不同程度的规范。对于精神病人犯罪后具有危险性,不同国家的保安处分方式不同,有些国家立法规定,建立收容精神病院(如德国),有些国家附带限制出院命令的宣告(如英国)。无论何种形式的保安处分,其目的都是为了既达到消除精神病人之危险性,又可达到治疗精神病人之双重功效。因治疗监护,将剥夺精神病人一定期限的自由,何种期限较为恰当,是定期制还是不定期制,法院裁量之根据如何?这些均会在一定程度上考量治疗监护运行的正当性。而治疗监护需要取得正当性,两个条件是不可或缺,一个是精神病人存在危险性,不通过治疗无法康复或降低危险性;

另一个是治疗侵害精神病人权益的程度与其自身存在的危险性成均衡关系。对于前者,法律需要规定治疗与刑罚执行之间的关系,如治疗应先于刑罚执行前,治疗期间折抵刑罚期限。对于后者,精神病人的危险性决定了剥夺自由的长短及治疗的强制性程度。也就是说,治疗监护必须受到法律保留原则与比例原则的拘束。只有立法对保安处分的制度化规定,才能减少甚至杜绝不确定状态下的裁判。

2. 司法层面找准裁判者与鉴定人的角色定位

精神医学干预与分享司法裁判权,导致的直接后果是精神医学专家与刑事司法人员责任承担之变化。根据各自的专业领域,从理论上言,精神医学专家负责医学问题,刑事司法人员职司法律问题,看上去似乎各司其职,权责明晰。然而,在司法实践中,面对精神病人犯罪的案件,若裁判者对精神医学知识一无所知,精神医学专家的意见将决定裁判者的判决,精神医学专家成为隐而不显的实质的法官。裁判者重视与尊重精神医学专家的意见本无可厚非,倘若自身裁判权完全由精神医学知识主宰,而无法判断医学意见之正确与否,裁决本身就隐含着不公正。同时,精神医学知识若过度渗入裁判,而鉴定意见的不稳定性与不可靠性,将使得裁判意见的推演说理难以产生说服力,公众不信服而生反对性意见,反过来将限缩精神病鉴定的启动及意见的可采性,造成裁判者与精神医学专家的紧张关系。面对精神医学与刑事司法共裁精神病人犯罪的案件,应妥善处理裁判者与鉴定人、公众之关系。对于鉴定人而言,应明确自身的角色,是辅助裁判者发现、确认与评价事实的助手,不得干扰裁判者的法律评价。其作出的鉴定意见,应是裁判者决策的证据,能否采纳应是裁判者通过逻辑说理确认之。对公众而言,因精神病人犯罪案件涉及专业医学与法律知识的评价,信服的裁判结论与满意的司法结果变得困难,参与审判与表达意见可能有助于拉近司法裁判与公众意见的距离。兼顾裁判者、鉴定人与公众之关系,消除三者之间的抵牾,维持与提升司法专业性与确定性,妥当的做法应是建立这样的一种制度,即裁判中引入专家意见以对抗与检验鉴定意见之正确性与科学性,约束不实鉴定意见的干预裁判,使得裁判更具合理性。

目前,一国的诉讼模式不同,鉴定者与裁判者之地位存在差异。在奉行当事人主义诉讼的国家,控辩双方地位均等,都可委托专家调查并向法庭提交鉴定意见,裁判者会在受制于双方交锋观点的情形下作出裁判。在当事人主义的对等模式下,鉴定意见的对抗与检验就交给控辩双方,而且许多案件的裁决是由陪审团中的个体以民主形式作出,这在一定程度上减轻了法官承受的压力与责任,部分司法责任被转移了出去,法官与鉴定人之评价冲突得以缓解。在奉行职权主义诉讼的国家,法院可依职权主动委托鉴定人从事鉴定活动并出具鉴定意见,力求发现精神病人真实的精神状态。在职权主义诉讼模式下,强调发挥国家专门机关的职权作用,控辩双方的对抗程度弱化,对抗与检验鉴定意见的主体主要交给法官,在此种情形下,对鉴定意见外行的法官需要选择内行的专家参审,以寻求对鉴定意见的客观与科学的评价。[1] 选择专家参审,理由在于:一方面,可以防止鉴定意见操纵裁判,外行的裁判者草率判决,裁判说理不透明且不能令人信服的现象。另一方面,可以牵制裁判者专断的裁判权,增强裁判的民主性,丰富裁判者的裁判知识,优化裁判结果的客观性与说服力。可以说,审判精神病人犯罪的案件,无论是当事人主义的诉讼模式,还是职权主义的诉讼模式,均在寻求一种制衡力量以评价与审视鉴定意见对裁判发生的影响与意义,最大程度上增强鉴定人与裁判者的合作与共识,尽可能减少二者之间的冲突与歧异。同时,陪审制或专家参审制都在一定程度上转移或减轻法院裁判的责任,为法院整理确定状态的裁判提供了制度基础,也为公众意见的接受与信服裁判增添了有效因素。总之,司法运作中应针对鉴定人与裁判者的权力作用范围限制边界,同时明确他们担当的相应责任,以此确立司法裁判确定性之制度安排。如此,方可避免精神医学专家与裁判者之间立场与观点碰撞、相异所

---

[1] 参见张丽卿:《精神鉴定的问题与挑战》,载《东海大学法学研究》第20期,第168—169页。

带来的裁判结果之不确定性、不稳定性等流弊。

除了上述方案之外,缓解精神科医生与司法裁判者紧张关系可由中立的第三方机构解决。在此种第三方机构中,成员可由行政官员、精神病医生与法官等组成,从而形成各方意见包容性增长的局面。比如法国作为弥补法律工作者与精神病医生之间的裂痕的回应,设立由行政官员、医生与法官组成的委员会,以此协调三方的权力拉锯。① 与法国类似的委员会是加拿大的审查委员会。"当被告人不负刑事责任时,法院将作出收容于精神病院、有条件释放与绝对释放的决定。其中,收容于精神病院与有条件释放将会受到审查委员会的评价。该审查委员会是由省或地区委员会的副州长委托至少5人组成,其中主席由1名适格的法官担任,并且至少包括省上的一名适格医生。不同的司法区成员人数不同,这主要取决于工作量与地域性。审查委员会的职责主要根据案件性质、鉴定意见与法院、医院提供的信息等因素,对法院的处理进行综合性审查,可能会改变释放条件。"②

3. 配套制度层面强化医学知识与法律知识的整合

在司法运作中,造成鉴定人与司法人员之评价分歧的关键在于双方不理解他方之专业领域,无法对某些具体问题在同一平台下商讨并达成共识,而要使双方的相互沟通与对话变得可能,必须使双方具备掌握与评价对方专业知识的能力,即是将医学知识与法律知识整合到一个人的大脑中,混杂与铸造具有医学知识与法律知识的复合型人才。培养此种医学与法律兼备的人才可通过以下途径达致:

(1) 专门开设司法精神医学课程,聘请具备犯罪学、心理学、精神医学等方面知识的教授为刑事司法人员讲学,提高他们的知识储备③

鉴定意见中涉及许多专业术语,法律人期冀鉴定人将医学术语转

---

① 参见《法国新刑法典》,罗结珍译,中国法制出版社2003年版,第294页。
② Steller, "Special Study on Mentally Disordered Accused and the Criminal Justice System", http://www.statcan.gc.ca/pub/85-559-x/85-559-x2002001-eng.pdf, 2012年5月1日访问。
③ 参见张丽卿:《精神鉴定的问题与挑战》,载《东海大学法学研究》第20期,第170—171页。

换为可以理解的法律术语。然而,鉴定人与法律人的评价话语不同,前者是确认行为人是否存在精神障碍,后者是明确行为人是否危险及能否承担刑事责任,二者缺乏对话的知识基础。司法精神医学将医学与法学联系在一起,可为医学人了解法学知识与法学人学习医学知识架起了沟通的桥梁,也为拉近医学人与法律人在鉴定意见评价上的距离创造条件。

(2) 定期举办医学与法学专家论坛

针对司法实践中遭遇的医学与法律领域的重点、难点、热点问题展开协商与合作,力求共同寻找解决问题的对策。精神病人犯罪关涉犯罪学、心理学、精神医学等多个领域知识之交叉,使得处置精神病人的对策变得复杂化与多样化,非经多部门的协力配合可能难以达致科学、有效处置的目的。定期召开研讨会,以典型案例连通各领域专家集思广益,可对成功处置的案例推广经验,以期形成稳定性、指导性的处置机制。

(3) 对司法主体展开处置实训

面对精神病人、犯罪,警察、检察官首先需要赶赴现场处置,若缺乏对精神病人这类特殊群体相应处置的知识,在实践中易采取暴力或致命手段处置现场情况,这对于保障精神病人的权益是不利的。若警察、检察官能够在审前辨识行为人的精神状态,并采取相应的危机干预手段,在保卫社会安全的同时,又能保障行为人的权益,此种处置即能显示最优化的效益。而要使警察、检察官具备辨识与干预危机的能力,处置实训的观念及制度不可或缺。从观念上而言,警察、检察官对于精神状态异常的行为人应弱化打击犯罪的观念,体现治疗与救助的理念,将保障精神病人权益放在刑事司法程序的优先顺位上。在具体制度上,警察、检察官对精神病人犯罪应综合考量多种因素包括精神状态的等级及犯罪行为的严重程度等,作出类型化处理,甚至对一些轻微犯罪可采取程序分流、附条件不起诉等制度,将精神病人分离出刑事司法程序,避免直接采取拘留、逮捕等羁束行为人自由甚至加重行为人病情的强制措施。在具体技术上,警察、检察官可尝试接近行为人并与之交流,通过周围证人的叙述,初步判断行为人的精神状态及其行为的严重性,或者有些情形下直接带至与刑事司法机构合作的精神卫生机构诸如紧急诊所或一般医院等安全地点接受评估或治疗,或者联系警察机关、检察机关的精神卫生人员寻求现场帮助或其他咨询。当然,司法主体处置精神病人犯罪既是刑事司法问题,又涉及精神卫生机构的治疗,跨越两大机构的处置模式就需要二者的联络与配合,具体表现为危机处理人员的培训、正确的安置地点及多机构的参与等方面。

五、小　　结

精神病人处置的理念经历了从惩罚到治疗的变迁,精神医学对刑事司法的深刻影响,使得刑事司法中精神病人的处置机制由传统司法的惩罚性质向现代司法与医学混合的惩罚与治疗并行的性质发展,触法精神病人的身份由完全不负刑事责任的单一的病人转向负担刑事责任的复合的精神病罪犯,其被安置的场所也由精神病院向精神病院与监狱协力处置的模式迈进。医学化司法深刻地影响着精神病人处置机制的发展,刑罚个别化的思想渗入刑事司法的各个阶段,实质正义的观念得到了体现。然而,医学化司法也带来了诸多弊端,精神医学自身科学性与客观性之缺失,导致司法裁判的不安定性及不确定性,使得通过规范与事实推演裁判的"同样情况同等对待"的司法价值面临危机。同时,精神医学存在构造司法裁判对象及行为人是否为精神病人的危险,使得司法治理充满了变数,为裁判者滥用裁量及推卸责任创造条件。在这种机制下,社会中的每个人都有可能存在成为司法治理的对象的危险,社会秩序易陷入混沌与动荡状态。为去除医学化司法所产生的司法正义危机,力图恢复、还原与再现司法之本来面目,立法研磨与司法打造应是解决问题的有效路径。立法上需要明确处置的具体程序,合理配置司法机关与医学机关的权力,使得精神病人的刑事司法处遇机制有法可依;司法上需权衡各种技术性的操作,强化精神病人处遇程序的刚性与规范性,使得司法机构与精神卫生机构衔接紧密与有序。在实践中,如果司法机关及医学机关的权力者能体面与尊重地对待精神病人,精神病人将更有可能合作而不是拒绝。另外,为使得接触与处置精神病人有效,司法人员需加强医学知识的教育与培训,培养正确的对待鉴定意见的理念,确立裁判者与鉴定人的角色,排除无理性的拒斥鉴定人意见的可能性话语,通过缜密的逻辑说理取舍鉴定人意见,从而使司法人员与鉴定人和谐共处于精神病人处遇机制的运行过程中。另外,如果能够产生既脱离司法权力的束缚,又孤立于医学权力的限制性第三方机构,由其决定与处理精神病人关涉的重大问题,此种包容各方意见的处理也许更为科学与公正。无论是立法规范,还是司法调整,均在于避免司法权力与医学权力的滥用与不当,最终达致对刑事诉讼中的精神病人给予特别保护的目的。

第二章　中国精神病人刑事司法处遇机制考察

社会竞争的加剧,造就了民众罹患精神疾病的可能性,与之相关,媒体曝光的精神病人关涉的刑事案件数量也在逐渐增长。面对这些群体及其制造的案件,迫使我们采取措施应对这一跨越刑事司法与精神卫生两大体系的棘手问题。而这一问题的解决,需要事先审视本国的法律制度与宏观社会环境。有鉴于此,本章将首先介绍我国精神病人刑事司法处遇的立法规定,接着重点描述我国精神病人刑事司法处遇的实践运行状况,从中发现问题,揭示可能的原因,总结若干论点及未来尚需探讨的主要问题。

一、中国精神病人刑事司法处遇制度的立法规定

(一) 现状

近年来,我国精神病人实施的暴力性案件时有发生,对公共安全与社会防御产生了较大威胁。面对精神病人制造的刑事案件,我国关于精神病人的刑事司法处遇的法律制度却不足以应对。在2012年

《中华人民共和国刑事诉讼法》(以下简称《刑事诉讼法》)与 2013 年《中华人民共和国精神卫生法》(以下简称《精神卫生法》)颁布之前,《中华人民共和国刑法》(以下简称《刑法》)、旧《刑事诉讼法》及其他法律规范在应对精神病人的条款配置不足,或虽有条款规范,但不具有可操作性。譬如,关于部分刑事责任能力的精神病人犯罪的案件,《刑法》第 18 条仅模糊规定了从轻或减轻处罚。无论是 1979 年《刑事诉讼法》还是 1996 年《刑事诉讼法》,对刑事诉讼中精神病人的处遇制度明确不够。对精神病犯罪嫌疑人、被告人的处遇制度有过不多的规定,且主要散见于各种规范性文件中,主要是 1998 年最高人民法院《关于执行〈中华人民共和国刑事诉讼法〉若干问题的解释》(以下简称《1998 年解释》)第 36、66、176 条等,1999 年《人民检察院刑事诉讼规则》(以下简称《1999 年规则》)第 37、207、241、255 条及第 273 条等,1998 年《公安机关办理刑事案件程序规定》(以下简称《1998 年规定》)第 63、239 条等。内容集中于辩护、侦查、起诉、审判方面的稍嫌粗疏的若干条款。《中华人民共和国人民警察法》(以下简称《人民警察法》)第 14 条虽将强制医疗手段赋权于公安机关,但并未规定具体操作规则。部分省市的地方性管理办法(比如上海、北京、宁波、杭州、无锡与武汉等省、市通过的《精神卫生条例》),虽规定了强制医疗程序,但这些规范性文件法律位阶较低,仅限于部分省市运行。

在 2012 年《刑事诉讼法》与《精神卫生法》颁布之后,关于刑事诉讼中精神病人的处遇出现若干碎片式的规定。在 2012 年《刑事诉讼法》的规定中,主要有第 34 条第 2 款、第 40、65、72 条、第 144 条至第 147 条、第 209 条、第 284 条至第 289 条等条款。为配合新刑事诉讼法的顺利实施,《1998 年解释》《1999 年规则》与《1998 年规定》也于 2012 年作了相应修改。① 《2012 年解释》从第 524 条至第 543 条,《2012 年

---

① 为研究方便,笔者将 2012 年的最高人民法院《关于适用〈中华人民共和国刑事诉讼法〉的解释》最高人民检察院《人民检察院刑事诉讼规则》及公安部《公安机关办理刑事案件程序规定》称为《2012 年解释》《2012 年规则》与《2012 年规定》。

规则》从第539条至第551条,《2012年规定》从第331条至第334条均对依法不负刑事责任的精神病人的强制医疗程序增设了规定。《精神卫生法》树立了精神病人权益保障的理念,并赋予精神病人自愿治疗权、自主决定权等权益,但是对精神病犯罪人的规定十分欠缺。整体而论,既有法律规范对精神病人的刑事司法处遇制度的规范主要见诸于2012年《刑事诉讼法》中,因此,本文重点阐释新刑事诉讼法对精神病人刑事司法处遇制度带来的新变化与新突破。2012年《刑事诉讼法》出台后,对精神病人处遇的部分制度及适用程序进行了合理调整,完善了若干程序机制。在价值取向上,既强调打击犯罪,又注重保障人权,但总体上立法倾向于有效打击犯罪。具体而言,载明精神病人处遇制度的当下法律规范呈现如下特点:

1. 刑事诉讼中精神病人处遇的差别对待理念初步显现

旧刑事诉讼法(1979年与1996年《刑事诉讼法》)基本上是从形式平等的角度衡平控制犯罪与保障人权的问题,未充分表现出对弱势群体的差别对待①,对精神病人处遇的相关条款更是罕见。② 2012年《刑事诉讼法》突破了传统的立法模式,将指定辩护制度与强制医疗程序首次写入,这是对精神病犯罪嫌疑人、被告人的特别关照,是一次破冰的尝试,是思想观念的解放。同时,也表明立法者在构筑刑事诉讼制度的理念上发生了转变,从强调打击犯罪单一的价值观转向重视打击犯罪与保障人权并重的价值观,这是刑事诉讼法价值取向上不可小视的进步。上述规定似乎表明,刑事诉讼中对精神障碍犯罪嫌疑人、被告人特别处遇的制度在价值取向上已开始受到关注,并有继续拓展的空间。2012年《刑事诉讼法》的相关条款虽然增加不多,但从条款变化可以察觉到,刑事诉讼法对精神障碍犯罪嫌疑人、被告人的关照

---

① 譬如,1996年《刑事诉讼法》关于未成年人的特殊保护,如讯问和审判时的法定代理人到场权、法律援助、不公开审理等制度主要散见于若干条款中,并未形成系统化的保护制度。因此,未成年人的刑事诉讼保护并不充分。

② 笔者经过搜索发现,1996年《刑事诉讼法》仅第60、120条与第122条存在有关精神病人的规定,内容主要涉及变更强制措施(如取保候审或监视居住)、精神病鉴定的适格医院及期间计算等。

理念已发生了从无到有的转变。

2. 精神病人强制医疗程序的有限司法化

精神病人的强制医疗由谁决定及如何执行,旧《刑事诉讼法》并未规定,相关的法律条款主要散见于《刑法》、《人民警察法》及部分省市的地方性规定①。然而,实践中,"家属监管不力,政府强制医疗程序无刑法与刑事诉讼法等相关法律约束,操作任意性较为普遍"。②公安机关虽被赋权执行强制医疗,但具体操作程序并不明确。部分省市关于强制医疗程序的规定自身存在不足,执行效果殊难均衡。对此,2012年《刑事诉讼法》朝司法化方向作出调整,主要表现为明确规定公安机关不再成为提出强制医疗的适格主体,检察院与法院为提出强制医疗的申请或决定主体。同时,还对法院的决定程序、强制医疗的解除程序、法律援助制度与检察院的监督等方面作出了规定。2012年《刑事诉讼法》的这一司法化调整虽有进步,但部分规定过于弹性,实践中可能缺乏可操作性。当然,还是在一定程度上解决了公安机关依据行政化审批方式决定精神病人强制医疗的历史遗留问题,从而将有助于限制强制医疗实践中的滥用与不当。

3. 规定了某些合理的技术性规范

旧《刑事诉讼法》未确立精神病人在刑事诉讼中处置的相关程序,比如在侦查、起诉、审判等环节缺乏技术性规范的支撑,实践中易引发精神病人的司法处遇及诉讼权利的保障出现无法可依的情形。尽管司法机构出台了相关解释及办案规则,但显然远不能满足实践需求。针对上述问题,立法机构修改并增加了某些合理的技术性规范。譬如,为保障精神病人的辩护权,2012年《刑事诉讼法》规定,部分刑事责任能力的精神病人没有委托辩护人的,人民法院、人民检察院和公

---

① 上海、宁波、北京、杭州、无锡与武汉等省市通过的精神卫生条例,均对精神病人的强制医疗程序进行了细致的规定,参见《上海市精神卫生条例》(2001年)、《宁波市精神卫生条例》(2005年)、《北京市精神卫生条例》(2006年)、《杭州市精神卫生条例》(2006年)、《无锡市精神卫生条例》(2007年)和《武汉市精神卫生条例》(2010年)。

② 程雷:《肇事精神病人强制医疗程序如何构建》,载《检察日报》2011年8月17日第3版。

安机关可为其指定辩护人。这一条款便是对《1998年解释》第36条规定的有限确认。再如,部分刑事责任能力的精神障碍被告人不适用简易程序。这些条款的变化无疑增强了司法机关对精神障碍犯罪嫌疑人、被告人处遇的规范性,在一定程度上羁束了司法机关的行为,有益于保障精神病人的诉讼权利。

(二)评价

既有法律规范虽在某些方面规范了精神障碍犯罪嫌疑人、被告人处遇机制,但总体而言,刑事诉讼中精神病人的处遇制度惩罚犯罪有效,保障精神病人的权益显然不足。概括而言,主要表现为以下方面:

1. 价值取向系统化、制度化的提升不够

(1)2012年《刑事诉讼法》虽初步涉及精神病人的保护理念,但相关条款粗疏与薄弱,赋予精神病人权利保障的内容褊狭,能否全面、深入、均衡地达致规范司法机关的行为与保障精神病人各种权益的目的尚有疑问。(2)既有司法机构内部运行的各种规范性法律文件并未被全部纳入2012年《刑事诉讼法》中,其自身法律位阶较低及条款本身的不完善尚不能充分、有效地展开对精神病人权益的保护。(3)透视精神病人刑事诉讼保护的各种法律规范,其价值取向上虽在一定程度上具有精神病人权利保护的端倪,但显然又缺乏明确的统摄性及整合性,立法机构着墨专设条款比较完整性地体现精神病人的保护意图并未充分凸显出来,系统化的制度保障还未形成。

2. 具体制度的细致化不足

现有法律条款的若干内容虽涉及精神病人在刑事诉讼过程中的特别关照,但仍然存在细致化不够的问题。无论是新《刑事诉讼法》,还是司法机构的解释及办案规则,均依旧秉承模糊的立法风格,对诉讼各阶段如何展开对精神病人权益的保护,并未提供实质性的制度规定及可操作的技术规范。

综上所述,通过对我国精神病人刑事司法处遇机制的立法考察发现,立法者虽力图体现打击犯罪与保障人权并重的价值取向,初步显现精神病人与一般犯罪嫌疑人、被告人的区别对待的理念,注重保障精神病人的权益,但相关配套制度及技术规范匮乏,无法从整体上有效达致保护精神病人权益的目的,其结果可能是既有中国精神病人刑事司法处遇机制控制犯罪有效,保护权益有限。

二、中国精神病人刑事司法处遇制度的实践运行样态

精神病人的刑事司法处遇机制具有实现防止精神病人再犯及促进回归社会的目的。为保障刑事司法程序中精神病人的权益,侦查、起诉、审判、刑罚执行阶段的正当处理就显得相当重要。同时,与一般犯罪主体不同,精神病人为实施犯罪的有病之人,对其采取医学措施促进治疗与康复也十分必要。因此,精神病人犯罪后的处遇可分为两种类型:(1) 司法处遇,即在警察立案侦查至监狱执行刑罚为止的刑事司法过程中,对精神病人展开的调查、公诉、审判及执行刑罚的一系列处遇措施;(2) 医疗处遇,即对进入刑事司法程序中的精神病人展开医疗观察、诊断与治疗等处理,以此作为司法处遇的延续与补充。需要指出的是,司法处遇和医疗处遇作为两种不同的精神病人处遇的类型,是理想下建构的两种比较方式,实践中精神病人的处理工作不可能仅仅考虑司法处遇,追求绝对的打击犯罪的效果,或者只考虑救助和保护精神病人人权,追求绝对的保障人权的效果。实践中对精神病人处遇目的的追求,应是二者兼而有之。在精神病人的处遇过程中,司法处遇和医疗处遇存在着复杂的互动关系。对中国精神病人刑事司法处遇实践,笔者将通过司法处遇与医疗处遇的二维视角展开分析,以此揭示中国精神病人犯罪后刑事司法程序运行效果及精神病人人权保障实况,或许可以粗浅勾勒当下中国精神病人刑事司法处遇的

蓝图。①

(一) 司法处遇的总体状况：以鉴定前与鉴定后为主的考察

司法处遇为刑事司法程序中对精神病人在警察、检察、裁判及刑罚执行等诉讼阶段的处遇。因应于此，中国精神病人的司法处遇可从各诉讼阶段重点阐释。在中国，大部分刑事案件发生后，公安机关首先受理案件及展开调查。基于传统的调查模式，公安机关从案件事实出发，通过运用各种调查手段与措施进行证据的搜集、保全，以确定犯罪嫌疑人的特征。待犯罪嫌疑人被抓获，案件即为告破。公安机关对羁押的犯罪嫌疑人展开进一步的调查，厘清犯罪事实，充实犯罪证据，完备法律手续，向检察院移送有关案卷材料，调查即告结束。检察机关对公安机关移送的案卷材料进行审查，在审查结束后，决定案件是否向法院提起公诉。在起诉条件不足及证据不充分的情形下，检察官可以作出不起诉的决定。而且，针对犯罪情节轻微，尽管犯罪嫌疑人存在犯罪行为，需要承担刑事责任，检察官可根据犯罪嫌疑人的个体情况、犯罪事实、犯罪前后的表现等综合考量，作出不起诉的决定。在此种起诉便宜制度下，检察官被赋予了一定的自由裁量权，可根据犯罪嫌疑人及案件的具体情况作出适当的处理。在提起公诉的案件中，法院对检察院移送的案件材料进行程序性审查，决定是否开庭审判。对于适宜审理的一般案件，法院决定按照普通程序审理，作出有罪、无罪的判决。依据被告人及案件事实的基本情况，有罪判决的类型呈现一定的选择性与个别化。此外，针对一些情节轻微的刑事案件，法院可适用简易程序。与普通程序相比，简易程序通过书面审理及略式程序处理案件，节约了司法资源，提高了诉讼效率，减少了被告人的讼累。以上便是我国刑事司法程序运行的大致图景，它不仅是惩罚犯罪

---

① 表2-1 据以统计的16件案例发生在2012年《刑事诉讼法》实施以前，公安、司法机关的处置实践运行主要是基于旧《刑事诉讼法》《1998年解释》《1999年规则》与《1998年规定》等法规，因此，本章描述与分析当下中国精神病人的刑事司法处遇的实践运行样态，并未包括2012年《刑事诉讼法》实施之后的情形。

的程序,也是保障被追诉人权益与实现防止被追诉人重犯及最终顺利复归社会目标的制度。当然,此程序适用于所有被追诉人。对作为被追诉人之一的精神病人,也同样适用。不过,作为特殊的被指控者,此程序在运作过程中应不完全与普通被指控者适用通常的刑事诉讼程序相同。鉴于此,笔者将探讨刑事司法实践中如何对精神病人展开特殊处遇的问题。

与一般主体不同,精神病人是制造刑事案件的特殊主体,其精神状态需要通过专业的技术与方法进行观察与识别,而观察与识别可通过精神病鉴定完成。因而,精神病鉴定就成为决定对精神病人是否由公安司法机关处理及如何处理的基础与前提。为全面展示对精神病人犯罪的司法处遇实践,有必要先以鉴定为基准与变量,从整体上探讨在鉴定前与鉴定后公安司法机关对精神病人处理之理念及方式。接着,为进一步描写与揭示司法处遇的现状及问题,可从各诉讼环节加以细致考察,以为前述整体处置提供一定的补充。

表2-1 鉴定前后公安司法机关处置方式适用状况

案情	鉴定前的处置	鉴定的启动及结果	鉴定时间	(未)鉴定后的处置
1999年王逸泼硫酸案	看守所指定辩护	公安机关启动三次鉴定,前两次鉴定结果均为王逸作案无责任能力,第三次为具有完全责任能力。一审法院采信第三份鉴定意见。二审辩护人、家属强烈要求重新鉴定,法院决定第四次鉴定,结果显示部分刑事责任能力。最高人民法院组织第五次鉴定,结果与第四次鉴定相同。	第一次16日,第二次57日,第三次30日(第四次、第五次数据缺省)	强制住院治疗;正式被逮捕,移送检察机关起诉;一审判处被告人死刑;二审判处死缓。

(续表)

案情	鉴定前的处置	鉴定的启动及结果	鉴定时间	(未)鉴定后的处置
2004年马加爵故意杀人案	看守所指定辩护	侦查阶段未提出精神病鉴定;一审庭审前,辩护人提出鉴定申请,鉴定意见为无精神病;庭审中,辩护人提出重新鉴定的申请,被法院驳回。	5日	一审终审判处被告人死刑。
2004年严东华杀父案	看守所	公安机关启动鉴定,鉴定结果为无刑事责任能力。	数据缺省	移送家属看管。
2006年邱兴华杀人案	看守所指定辩护	一审前及一审家属及辩护人均未提出鉴定申请;二审辩护人申请鉴定,被法院驳回。①	无	一审判处被告人死刑,被告人提出上诉;二审维持原判。
2006年黄文义杀人案	看守所	侦查阶段被追诉方提出鉴定申请,公安机关同意并委托鉴定,鉴定意见为作案时处于待分类的精神障碍疾病期,具有限制责任能力。一审采信了公安机关委托鉴定的结果。	约50日	一审认为被告人精神疾病对控制能力有一定的削弱,可从轻处罚,判处死缓。
2007年徐敏超杀害游客案	看守所	公安机关启动鉴定,鉴定意见:作案时具有完全责任能力。一审辩护人向法庭提出重新鉴定的申请,法院决定鉴定并延期审理案件。最终法院采信第二次鉴定为限制责任能力的意见。	数据缺省	一审判处被告人有期徒刑15年,被告人提出上诉;二审维持原判。

① 《法院终审裁定邱兴华精神正常无需鉴定》,载 http://news.sina.com.cn/c/l/p/2006-12-28/113211907002.shtml,2012年9月1日访问。

（续表）

案情	鉴定前的处置	鉴定的启动及结果	鉴定时间	（未）鉴定后的处置
2007年李连华伤害、杀人案	看守所指定辩护	检察机关建议公安机关补充侦查并对李连华进行精神病鉴定，鉴定结果显示为"偏执型精神障碍"；检察机关又再次委托鉴定，鉴定结果与前次鉴定结果一致。二审被害人家属申请重新鉴定，结果显示与公安机关、检察机关委托鉴定的意见一致。	30日	检察机关对被告人的故意杀人行为不起诉，变更管辖机关，以故意伤害罪重新起诉。一审判处被告人的2年零10个月有期徒刑。
2007年施稳清杀人纵火案	看守所指定辩护	被追诉人提出鉴定请求，检察机关委托鉴定，鉴定结果为完全刑事责任能力。一审采信检察机关委托鉴定结果为完全刑事责任能力的意见，施稳清申请重新鉴定，被法院驳回。	数据缺省	一审判处被告人死刑。
2008年杨佳袭警案	检警联合审讯；委托辩护与指定辩护	侦查阶段律师提出鉴定申请，公安机关同意并委托鉴定，鉴定意见为无精神病。起诉阶段被追诉方与检察机关未提出鉴定。一审辩护人认为公安机关委托的鉴定存疑，申请重新鉴定，被法院驳回。二审辩护人要求重新鉴定，也被法庭驳回。①	1日	一审判处被告人死刑，被告人提出上诉；二审维持原判。

---

① 《杨佳辩护律师请求重做精神鉴定被当庭驳回》，载http://news.sina.com.cn/c/2008-10-14/040816448625.shtml；《杨佳袭警案明日二审 律师要求精神鉴定》，载http://news.qq.com/a/20081012/000262.htm，2012年9月1日访问。

（续表）

案情	鉴定前的处置	鉴定的启动及结果	鉴定时间	（未）鉴定后的处置
2009年何胜凯杀法警案	看守所指定辩护	侦查阶段律师申请鉴定，但未获同意。起诉阶段辩护人再次申请鉴定，仍未获同意。① 一审、二审、死刑复核程序中辩护人提出精神病鉴定的申请，均被法院驳回。	无	一审判处被告人死刑，被告人提出上诉；二审维持原判。
2009年熊振林特大杀人案	检警联合审讯；指定辩护	侦查阶段与起诉阶段被追诉人提出精神病鉴定的申请，未获同意。一审、二审辩护人继续提出鉴定申请，法院当庭驳回。②	无	一审判处被告人死刑，被告人提出上诉；二审维持原判。
2009年陈文法杀人案	看守所	公安机关启动鉴定，鉴定意见：被告人患有精神病，无刑事责任能力。	18日	被告人被移送精神病院治疗
2009年刘爱兵杀人放火案	看守所指定辩护	公安机关启动鉴定，鉴定意见为偏执型人格障碍，作案时有完全刑事责任能力。③ 一审采信公安机关委托鉴定的结果。	20日	一审判处被告人死刑。

---

① 《贵州"何胜凯案"二审开庭》，载 http://www.caijing.com.cn/2010-11-26/110576646.html，2012年9月1日访问。

② 《抗辩理由先后被驳 熊振林一审被判死刑》，http://hb.qq.com/a/20090210/000070.htm；《湖北杀8人案凶犯熊振林二审被维持死刑判决》，载 http://news.sina.com.cn/c/2009-03-05/192817344613.shtml，2012年9月1日访问。

③ 《"刘爱兵案"背后的精神病悬疑》，载 http://news.163.com/10/0612/10/68VJ80IG00011SM9.html，2012年9月1日访问。

(续表)

案情	鉴定前的处置	鉴定的启动及结果	鉴定时间	（未）鉴定后的处置
2009年邓玉娇故意伤害案	看守所医院委托辩护	侦查阶段被追诉方提出鉴定申请，公安机关同意并委托鉴定，鉴定结果为部分刑事责任能力。一审法院采信公安机关的鉴定意见。	32日	拘留变更为监视居住。一审终审判处被告人故意伤害罪成立，但免予处罚。
2010年郑民生杀人案	检察机关快捕快诉①；指定辩护	曾有官方报道，被追诉人在侦查阶段被移送司法鉴定机构进行精神病鉴定，但直到庭审时，鉴定结果都一直未公布。②	无	一审判处被告人死刑，被告人提出上诉；二审维持原判。
2010年刘宝和案	看守所指定辩护	一审辩护人提出精神鉴定的申请，法院同意鉴定。建议检察机关补充侦查并委托鉴定。最终，公安机关委托鉴定，鉴定结果为无刑事责任能力。被害人家属不服，要求上一级鉴定机构重新鉴定，鉴定结果仍是无刑事责任能力。③	数据缺省	公安局移送精神病院治疗，法院作出被告人不负刑事责任的判决。

1. 鉴定前的处置状况

根据我国《刑事诉讼法》的规定，鉴定是公安、司法机关对精神病人处置之前提，是解决诉讼程序中的专门问题的手段。公安机关、检察机关是启动鉴定程序的主体，法院对有异议的鉴定意见可以决定补

---

① 参见张仁平：《让正义来得更快些——福建南平"3·23"特大凶杀案追踪》，载《检察日报》2010年4月21日第4版。
② 参见《福建南平恶性凶杀案庭审没有提及精神鉴定》，载 http://news.sohu.com/20100409/n271408269.shtml，2012年9月1日访问。
③ 参见柴会群：《"疯汉"杀人的艰难免刑》，载 http://www.infzm.com/content/49877，2012年9月1日访问。

充鉴定或重新鉴定,被追诉方或被害方具有申请补充鉴定或重新鉴定的权利。① 从严格意义上讲,鉴定本身也是对精神病人的一种处置方式。因此,鉴定及其后续的措施的适用都应作为描述与分析精神病人的重要因素。从整体来看,在 16 件案件中,已鉴定的案件有 12 件,主要包括侦查阶段 7 件,起诉阶段 2 件,审判阶段 5 件(其中侦查阶段鉴定的两件案件与起诉阶段鉴定的 1 件,于审判阶段又再次鉴定),未鉴定的案件有 4 件。鉴定前处置不仅针对已鉴定的案件,还应包括各诉讼环节都未启动鉴定的情况。因为未鉴定的案件在一定程度上能够反映公安、司法机关的办案理念及行为模式。关于鉴定前的处置状况,可通过适用措施、场所、申请鉴定主体与送鉴主体等方面进行考察。

(1)适用措施。鉴定前对犯罪嫌疑人的适用措施主要体现在侦查阶段,公安机关适用的拘留几乎适用所有被统计的案件。除较少的几件案件外,逮捕的适用率也很高,而且拘留转逮捕的时间短暂,许多案件仅需两天时间即完成;在起诉阶段,检察机关对公安机关移送审查起诉的 1 件案件适用了退回补充侦查措施,并建议公安机关实施精神病鉴定;在审判阶段,法院对检察机关提起公诉的 1 件案件适用退回补充侦查措施,并建议检察机关安排精神病鉴定。检察机关又将案件退回公安机关补充侦查,并要求公安机关委托精神病鉴定。

(2)适用场所。由于公安、司法机关长期以来通过大量适用限制被指控者人身自由的羁押性措施,以达到保证侦查、起诉与审判的顺利进行的目的,因此,鉴定前被指控者都被关押在看守所中。

(3)申请鉴定主体与送鉴主体。首先,在申请鉴定主体的构成中,多为被追诉方(被追诉人及其家属、律师)提出鉴定请求,5 件(公安机关 3 件,检察机关 1 件,法院 1 件)为公安、司法机关在办案过程

---

① 参见 1996 年《刑事诉讼法》第 119、121、158 条,《1999 年规则》第 255 条,《1998 年解释》第 59、60 条,"两高三部"《关于进一步严格依法办案确保办理死刑案件质量的意见》第 9、20 条等。

中,发现犯罪嫌疑人精神状态异常,从而主动委托鉴定。一些案件被追诉方在诉讼阶段多次提出鉴定申请,但大部分案件被公安、司法机关驳回。其次,在启动鉴定的理由及其评判上,许多案件具有一定的相似逻辑,比如控方(公安机关、检察机关)主要认为犯罪嫌疑人家庭成员无精神病史、作案前制定详细计划、作案过程布置缜密、作案后逃跑路线清晰、审讯室前后陈述不矛盾,许多迹象及证据表明,犯罪嫌疑人作案时精神正常,无须启动精神病鉴定程序。辩方(被追诉人及其家属、律师)则通常提供被追诉人家庭成员存在精神病史、作案动机反常、言行怪异、周围邻居及朋友也证明存在精神异常等信息、从而提出精神病鉴定的申请。审判机关一般从被告人及其家庭都无精神病史,在侦查机关审讯的多次供述无矛盾,在庭审中无精神异常,回答问题思路清晰,表达流畅,辩护方未能提供证明被告人存在精神病的理由与证据等方面判断,作出对精神病鉴定的申请意见不予采纳的评价。

2. 鉴定后的处置状况

鉴定后的处置是指公安、司法机关依循鉴定结果对犯罪嫌疑人进行的后续处理与安置。根据鉴定结果显示,被追诉人是否具有刑事责任能力,鉴定后的处置可分为有刑事责任能力的处置与无刑事责任能力的处置。从整体鉴定结果来看,犯罪嫌疑人有刑事责任能力的案件为 8 件,其中具有完全刑事责任能力的案件为 4 件,具有部分刑事责任能力的案件为 4 件,无刑事责任能力的案件为 4 件。关于这些案件的处置可从以下几方面考察:

(1) 安置措施。通过鉴定,公安、司法机关对有刑事责任能力的精神病人移送起诉、提起公诉与审判,对无刑事责任能力的精神病人移送精神病院治疗、家属看管。比如,公安机关将完全或部分刑事责任能力的犯罪嫌疑人移送审查起诉,对无刑事责任能力的精神病人移送精神病院治疗或家属看管;检察机关对完全或部分刑事责任能力的犯罪嫌疑人提起公诉率高,对 1 件无刑事责任能力的犯罪嫌疑人的案件没有起诉;法院对大部分完全刑事责任能力(包括未鉴定)的被告人判处死刑,对部分刑事责任的被告人作出免予处罚、15 年有期徒刑、无期徒刑及死刑等形式的判处,对两件无刑事责任能力案件的被告人委托公安机关移送精神病院强制治疗。

(2)安置场所。由于许多案件经过鉴定后,被追诉人具有完全或部分刑事责任能力,公安、司法机关是按照正常刑事诉讼程序公诉与审判,因此,被追诉人多关押在看守所与监狱中,两件无刑事责任能力的精神病人被移送精神病院。

(3)多次鉴定及鉴定意见的采信。① 多次鉴定较为常见,这不仅包括案件在同一诉讼环节的反复鉴定,也包括不同诉讼环节的再次鉴定。具体表现为三种情况:第一,某些案件的鉴定主要在侦、审两环节进行。比如,王逸案件经过公安机关两次委托鉴定,鉴定结果为无刑事责任能力,后由于被害人及其家属的强烈抗议,公安机关再次决定鉴定,鉴定结果为具有完全刑事责任能力。在二审阶段,被追诉方强烈要求重新鉴定,高院发动第四次鉴定,最高人民法院又再次组织专家复检,最终确定鉴定结果为具有部分刑事责任能力。第二,某些案件的鉴定主要在诉、审两环节展开。比如,在李连华案件中,检察机关建议公安机关委托鉴定,鉴定结果为无刑事责任能力。为确保处理妥当,检察机关自身委托鉴定,鉴定结果与前次鉴定相同。在二审中,被害人提出重新鉴定的动议,法院通过委托鉴定,结果显示与侦、诉阶段相同。第三,某些案件的鉴定主要集中在审判环节。比如,在刘宝和案件中,一审辩护人提出鉴定申请,法院将案件退回检察机关,检察机关建议公安机关委托鉴定,鉴定结果显示为无刑事责任能力。为保证办案的准确性,法院自身委托鉴定,鉴定结果与前次相同。② 鉴定意见的采信率较高。根据《刑事诉讼法》的规定,公、检、法都有权认定犯罪嫌疑人的精神状态,并根据鉴定意见开展相应的处置。实践表明,公安、司法机关是确认被指控者精神状态的主体,而且对鉴定机构作出的鉴定意见除公安、司法机关为保障案件慎重处理主动决定或因被追诉方或被害方申请而被动发动多次鉴定的少数案件外(其实终极鉴定意见也均作为办案依据),基本都予以采纳了。更值得注意的是,鉴定机构往往在鉴定意见中不仅确认了被追诉人的精神状况,还裁断了刑事责任能力。① 这在实质上替代了公安、司法机关决定被指控者的法律问题,并潜在地主导着刑事诉讼的进程。

(4) 鉴定期间。在委托鉴定的12件案件中,其中5件案件缺乏鉴定时间的统计数据,7件案件鉴定的时间差异较大,最长时间为57日,最短时间为1日。

结合鉴定前与鉴定后之处置状况,可以发现:(1) 诸多未经鉴定的案件被从重处理。对于未经鉴定疑似精神病人的4件案件中,被指控者都被移送起诉、审判,且被判处死刑。(2) 送鉴单位主要为公安机关。在公安司法机关决定委托鉴定的场合,公安机关送鉴案件9件(包括审判机关与检察机关退回的案件各1件),检察机关送鉴2件,法院送鉴4件。这说明,公安机关是委托精神病鉴定的主要机构,同时也是处置精神病人的主要单位。② (3) 无论是鉴定前,还是鉴定后,许多被指控者被关押在看守所、监狱。比如,在鉴定前,绝大多数被指控者被关押在看守所;在鉴定后,部分刑事责任能力的精神病人被移送监狱执行刑罚,无刑事责任能力的精神病人要么移送精神病院,要么移交家属看管。(4) 公安、司法机关成为决定鉴定及其他处置方式的主体,被害方对启动鉴定及鉴定结果影响较强,而被追诉方的影响较弱。被害方虽很少提出鉴定请求,但基本上只要被害方提出重新鉴定的申请,公安、司法机关都会考虑决定鉴定。与此相反,被追诉方虽多次申请鉴定,但成功率却很低。案件的实际操作最终是根据自身案件调查的需要及被害方的话语与行为共同促进。(5) 鉴定的期间随意,基本上依附于办案需要,被指控者的权益保障容易受到不当侵害。

---

① 比如,在刘爱兵案件中,鉴定机构直接出具刘爱兵具有完全刑事责任能力的鉴定意见。参见《"刘爱兵案"背后的精神病悬疑》,载 http://news.163.com/10/0612/10/68VJ80IG00011SM9.html,2012年9月1日访问。

② 这与许多学者的实证研究结果相似。参见林勇、胡泽卿等:《广东、四川两地鉴定机构2 916例司法精神病学鉴定资料对照分析》,载《广州医药》2008年第1期,第29页;胡泽卿、刘协和:《司法精神医学鉴定后的处理情况调查》,载《法律与医学杂志》1998年第2期,第61页;陈卫东等:《司法精神病鉴定刑事立法与实务改革研究》,中国法制出版社2011年版,第194—195页;孔娣、宋小莉等:《1997年—2006年司法精神病学鉴定案例比较》,载《精神医学杂志》2008年第2期,第128页,等等。

根据上述分析,容易推断出一个大致结论:整体而言,在价值取向上,公安、司法机关对精神病人的处置主要体现为满足打击犯罪的需要,以及时、有效地展开侦查、起诉、审判为目标,而对精神病人的权益保障显得薄弱。具体而论,在处置方式上,公安、司法机关对疑似精神病人惩罚严厉,对部分刑事责任能力的精神病人关押在看守所、监狱,对无刑事责任能力的精神病人无罪释放而未提供治疗服务。偏重惩罚,疏于治疗,是中国当下公安、司法机关对精神病人的处置方向。以上主要是基于鉴定的变量对公安、司法机关鉴定前与鉴定后处置精神病人的总体概况进行的考察与评析。为深度描述公安、司法机关对精神病人处置活动的图景,有必要展示各诉讼环节的具体情况。

(二) 司法处遇的具体面貌:以各诉讼环节为主的考察

1. 公安机关

在理想形态下,警察对精神病人实施的刑事案件应根据不同刑责及案件性质展开相应处遇,以达到惩罚与治疗相结合的目的。为实现此目的,警察的角色起着关键性的作用。[①] 作为犯罪的打击者和法律执行者,对实施刑事案件的精神病人的处置应按照正常的诉讼程序进行,以实现一般预防的目的;作为社会公众服务的提供者,对处于危机中的精神病人,应移送精神健康机构治疗,即使进入刑事司法程序,也应从轻处罚。在社会公众服务的角色里,警察应区别不同的精神病人及其犯罪性质,遵循个别化处置程序的原则,以实现特别预防的目标。不同类型的警察角色左右着应对精神病人的方式,进而产生不同的处置结果。

依据相关法律规定[②],基于立法的应然实践是,当精神病人可能存

---

① 警察的角色不仅在于控制犯罪,也在于提供社会服务,最终完成维护秩序的使命。参见〔英〕罗伯特·雷纳:《警察与政治》,易继苍、朱俊瑞译,知识产权出版社2008年版,第130—136页。

② 这里的法律规定主要是指《北京市精神疾病患者强制治疗实施办法》。相对其他省、市的规定而言,该办法对公安机关处置实施刑事案件的精神病人的规定较为详尽。

在危害自身、他人或社会安全,或者已经产生一定的社会危险性时,公安机关可以将他们移送安康医院强制医疗。对于在安康医院强制医疗的精神病人,必须在24小时之内通知监护人或近亲属,而且需要满足以下4个条件之一:"一是侵害行为并不严重,仅是违反《治安管理处罚法》的;二是监护人或近亲属无能力监督病人,对病人放任不顾,将对社区产生潜在危险后果的;三是病人出现怪异言行或正在实施严重的侵害行为而被采取强制入院措施,但监护人或近亲属不同意的;四是任何可能威胁公共安全或个体生命、财产的情形。"[1]"当精神病人入住安康医院,其刑事责任能力将受到评估。如果精神病人不承担刑事责任,但有精神障碍(即无罪有病),公安机关将联系监护人或亲属,让他们同意办理强制医疗手续。如果未能联系到法律关系人,公安机关将自行处理并记载原因。如果精神病人经过治疗能够出院,公安机关应通知监护人或亲戚提供监管和医疗。如果精神病人能够承担责任(即行政责任与刑事责任),经过治疗能够出院,公安机关将依据行政法或刑事法展开调查。这样,精神病人既可能接受公安机关的行政处罚,也有可能招致检察机关的刑事指控,直至法院决定适用相应的刑罚。"[2]面临刑事调查的精神病人,根据1996年《刑事诉讼法》第60条、《1998年规定》第63条的规定,公安机关可以采用取保候审或监视居住。另外,根据《看守所条例》第10条及公安部2010年发布的《关于规范和加强看守所管理确保在押人员身体健康的通知》,看守所不予收押精神病人,对在押精神病人不适宜继续羁押的,应当申请办案机关变更强制措施或者保外就医。总体而言,立法在一定程度上揭示了公安机关对精神病人犯罪后的处置的常用路数及轮廓,但实践中,公安机关对精神病人的处置到底如何呢?

---

[1] T. Wing Lo & Xiaohai Wang, "Policing and the mentally ill in China:challenges and prospects. Police practice and research: an international journal", No.4;345(2010).
[2] Ibid.

表 2-2　公安机关处置方式适用状况

案情	案发后的处置	审讯及其他处理	鉴定前关押场所	鉴定的启动及结果	(未)鉴定后的处置
1999年王逸泼硫酸案	5月28日刑事拘留。	王逸主动认罪,公安机关发现精神异常。	看守所	公安机关启动三次鉴定,前两次鉴定结果均为当事人作案无责任能力;第三次鉴定结果为当事人具有完全责任能力。	强制住院治疗;正式被逮捕与移送起诉。
2004年马加爵故意杀人案	3月17日刑事拘留,3月19日逮捕。	马加爵主动认罪,未发现精神异常。	看守所	未提出精神病鉴定。	看守所
2004年严东华杀父案	数据缺省	数据缺省	看守所	公安机关启动鉴定,鉴定结果为无刑事责任能力。	家属看管
2006年黄文义杀人案	1月1日刑事拘留,随后逮捕。	黄文义认罪,但精神状态很不稳定,公安机关继续讯问而未作鉴定。	看守所	家属提出鉴定申请,公安机关同意并委托鉴定,鉴定意见为作案时处于待分类的精神障碍疾病期,具有限制责任能力。	看守所
2007年徐敏超杀人案	4月1日刑事拘留,4月5日逮捕。	徐敏超认罪,公安机关发现精神异常。	看守所	公安机关启动鉴定,鉴定意见:作案具有完全责任能力。	看守所

(续表)

案情	案发后的处置	审讯及其他处理	鉴定前关押场所	鉴定的启动及结果	(未)鉴定后的处置
2008年杨佳袭警案	7月1日刑事拘留,7月7日被逮捕。	杨佳拒绝接受审讯,要求律师到场。公、检聘请法律援助律师并与杨佳会见,未发现精神异常。	看守所	律师提出鉴定申请,公安机关同意并委托鉴定,鉴定意见为无精神病,具有完全刑事责任能力。	看守所
2009年邓玉娇故意伤害案	5月11日,刑事拘留。	邓玉娇主动认罪,公安机关发现精神异常,安排医生对邓玉娇进行体检,但并未决定鉴定。	看守所与医院	被追诉方提出鉴定申请,公安机关同意并委托鉴定,鉴定结果为部分刑事责任能力。	看守所;拘留变更为监视居住。
2009年熊振林特大杀人案	1月11日刑事拘留,1月13日逮捕;	初步归纳出熊振林杀人是由于心理障碍所致,并非属于精神疾病。	看守所	被追诉人提出鉴定申请,公安机关驳回。	看守所
2009年陈文法杀人案	12月1日刑事拘留。	精神状态较为反常,公安机关的多次审讯工作难以开展。	看守所	公安机关启动鉴定,鉴定意见:患有精神病,无刑事责任能力。	精神病院治疗

(1) 实践状况

表2-2揭示公安机关对精神病人处置实践的具体状况,总体处置状况出现多种面孔,呈现一定的非结构化特点。具体而言,公安机关

在委托鉴定前,除个别案件外,其他案件的被追诉人均被适用拘留与逮捕,被羁押在看守所。具体处理呈现9种样态:一是马加爵案。公安机关与被追诉方均未提出精神病鉴定,按照正常诉讼程序移送检察机关起诉。类似案件如邱兴华案等。二是熊振林案。被追诉方提出鉴定申请,但公安机关驳回请求,按照正常诉讼程序移送检察机关起诉。类似案件如何胜凯案、郑民生案。三是黄文义案。被追诉人家属提出鉴定申请,公安机关决定委托鉴定,鉴定结果为黄文义具有部分刑事责任能力,被看守所关押,而未提供相关精神病治疗措施。四是杨佳案。被追诉方提出鉴定申请,公安机关同意并委托鉴定,鉴定结果为杨佳无精神病,具有完全刑事责任能力,按照正常刑事诉讼程序移送检察机关起诉。五是陈文法案。公安机关在调查中发现陈文法有精神异常,从而启动鉴定,鉴定意见为有精神病,无刑事责任能力,拟移送精神病院强制治疗。六是王逸案。公安机关在提审中发现王逸思维混乱,于是决定启动鉴定,前两次鉴定结果显示作案时无责任能力,王逸被无罪释放并接受监护与治疗,以防止再犯;第三次鉴定结果为具有完全责任能力,公安机关重新启用刑事拘留,后又提出逮捕申请,但未获检察机关批准。王逸再次被释放并在医院接受治疗,但最后被正式逮捕,并接受检察机关的起诉。七是邓玉娇案。被追诉方提出鉴定申请,公安机关同意并委托精神健康机构鉴定,鉴定结果显示为部分刑事责任能力,于是被关入看守所。随后,律师提出变更强制措施的申请,公安机关同意并决定执行监视居住。八是徐敏超案。公安机关决定委托鉴定,鉴定结果指出徐敏超具有完全刑事责任能力,于是被移送至看守所管护。类似案件如刘爱兵案。九是严东华案。公安机关委托鉴定,认为严东华无刑事责任能力,移送家属看管。

根据上述描述处置的基本情况,公安机关对精神病人犯罪后运用处置方式具有以下特点:

① 羁押性强制处分的适用率高

根据上述案件的统计,拘留、逮捕适用率相当高,其中拘留几乎适用于所有被统计的案件(逮捕未适用于王逸案、邓玉娇案、陈文法与严东华等4件案件,监视居住仅适用于邓玉娇案)。可见,公安机关在处置精神病犯罪嫌疑人时,选择多是羁押性强制措施。

② 看守所成为常用的处置场所

在鉴定启动前,由于公安机关运用了拘留、逮捕等强制处分,故看守所就成为精神病犯罪嫌疑人当然的后续安置场所,其功能主要在于限制犯罪嫌疑人的人身自由,防止社会危害性,同时也能满足侦查犯罪的需要。在鉴定中,许多案件的精神病犯罪嫌疑人被留置的地点都是看守所,而且留置时间完全处于不确定的状态。在鉴定启动后,无论被追诉人是否具有刑事责任能力,一些案件的精神病犯罪嫌疑人被看守所关押,有4件案件移送精神病院治疗、住所监护、家属看管等。

③ 精神病人(包括有部分刑事责任能力者与无刑事责任能力者)未获得足够治疗

对部分刑事责任能力者而言,如邓玉娇案与黄文义案,被追诉人起初都被关押在看守所中。随后,邓玉娇的律师向公安机关提出变更拘留为监视居住的申请,公安机关决定移送家属看管与监护。在开放社会中被家属管护的邓玉娇与在封闭看守所中监管的黄文义,二者虽然监护形式及程度不同,但均未充分获得公安机关及精神健康机构提供的医疗服务。对无刑事责任能力者而言,如严东华案,被追诉人被无罪释放,由家属代为管护。

④ 警察在审讯过程中发现被追诉人精神异常,后继的处置方式呈现多样化

可以总结为四种类型:a. 继续讯问。在审讯中,警察发现被追诉人精神状态不稳定,可能影响讯问的开展,但却未采取其他替代措施,而是继续讯问以获得被追诉人供述。当被追诉方提出鉴定申请后,公安机关决定委托鉴定,比如黄文义案。b. 主动委托精神病专家介入。警察认为被追诉人思维不清晰,陈述问题混乱,精神显现异常,主动决定委托精神病专家进行评估与测定,以确定随后的处置方式,如王逸案。c. 聘请法律援助律师。审讯中被追诉人拒绝接受警方审讯,要求律师到场提供帮助。警察与检察官商量聘请了法律援助律师,安排其

会见被追诉人并提供法律咨询,比如杨佳案。d. 其他处理。被追诉人虽主动交代犯罪事实,但已有证据表明其患有疾病且显示"与众不同",于是警察安排医生(非精神科医生)对被追诉人进行身体检查,诊断其疾病状况并对症治疗,此种诊断未包括对被指控者精神状态的评估,如邓玉娇案。

另外,与审讯有关的问题是犯罪嫌疑人的坦白供述问题,从上述案例统计观察,在审讯中,大部分案件的被追诉人是主动交代犯罪事实的,他们的认罪率较高。而且,对于犯罪嫌疑人被确认为限制责任能力人的案件,显示其坦白供述也具有一定的比例。

(2) 问题之发现

根据上述公安机关处置状况的描述,可以发现:① 将精神病犯罪嫌疑人与正常人员混同处置。警察对认定或怀疑患有精神病的犯罪嫌疑人,基本适用通常的刑事诉讼程序,比如较为普遍地适用拘留、逮捕等具有羁押性质的强制处分,而较少适用取保候审、监视居住等羁押替代措施;对被追诉人精神状态的评估,警察可凭借办案经验判断,而不是委托精神病专家观察与评测。② 对不同刑事责任能力的精神病人同等对待。在多数案例中,公安机关对具有完全与部分刑事责任能力的精神病人一视同仁,比如将他们羁押在看守所中,关押的目的也许仅是为了满足侦查与防止发生社会危险性。公安机关对无刑事责任能力的精神病人"无罪释放",并没有提供治疗服务。③ 对重罪案件的精神病犯罪嫌疑人以从重从快的模式简单处理。重罪案件的处置模式基本上是警察运用刑事拘留,在短期内提请逮捕,随后移送检察机关起诉。在处置过程中,公安机关甚少考虑启动精神病鉴定,即使被追诉方提出鉴定申请,也以经验裁断驳回。总体上,重罪案件办案效率相当高,在郑民生杀害小学生案中,公安机关仅用3天就完成了侦查工作,并移送检察机关起诉。①

　　综上,可以合理推断出初步的结论:在实践中,公安机关主要是力图限制精神病人的人身自由,以防止精神病人可能带来的社会危险性。这种控制方式是通过羁押在看守所实现的,而看守所不应收押精神病人,这可能形成对精神病人的权益保护空间的挤压与排斥,由此导致后继阶段对精神病人权益的保护不利。如果按照前述立法规定,在犯罪嫌疑人进入刑事司法体系之前,公安机关应是启动确认与筛选程序(确定犯罪嫌疑人是否为精神病人以及刑事责任能力的种类);对已进入刑事司法体系的精神病人,公安机关应提供相应的救助措施(移送医院治疗)。然而,实践表明,公安机关移送精神病人进入刑事司法体系显得草率与任意,既无先期拦截精神病人进入刑事司法体系的门槛,又无对已进入刑事司法体系的精神病人提供适当的医疗服务。已有研究表明,这一现象也并非上述热点案例之独有特征,国内许多案件处理中也存在同样的状况。一些学者研究证实暴力犯罪案件中犯罪嫌疑人被鉴定为无刑责者占有较高的比例②,而具有较高比例的无刑责者却被释放而没有接受监护治疗。③ 于是,问题由此而生,公安机关为何没有对一定比例的无责任能力者提供治疗? 对精神病人移送看守所关押何以成为公安机关的选择? 与此相关,就公安机关对精神病人的治理逻辑,应如何解释? 下文将逐一探讨与回应。

---

　　① 公安机关于2010年3月23日适用刑事拘留,于3月26日侦查终结并移送检察机关审查起诉。参见张仁平:《让正义来得更快些——福建南平"3·23"特大凶杀案追踪》,载《检察日报》2010年4月21日第4版。
　　② 在胡泽卿等人的统计中,无责任能力者占整个鉴定案件的51.91%,参见胡泽卿、刘协和:《司法精神病学鉴定后的处理情况调查》,载《法律与医学杂志》1998年第2期,第62页。在李良杰的研究中,无责任能力者占整个鉴定案件的66.6%,参见李良杰:《48例凶杀案司法精神病鉴定分析》,载《上海精神医学》1998年第4期。梁郁彬经过调查发现,无责任能力者占整个鉴定案件的58.8%,参见梁郁彬:《凶杀案司法精神病鉴定34例处理结果调查》,载《中国民政医学杂志》1995年第4期。
　　③ 参见胡泽卿、刘协和:《司法精神病学鉴定后的处理情况调查》,载《法律与医学杂志》1998年第2期。

(3)原因解读

解读 1. 精神病人的处置：移送精神健康机构治疗的措施何以适用率低下？

公安机关对实施犯罪的精神病人处置，跨越刑事司法与社会医疗两大体系，涉及公安机关内部与外部条件的整合作业。为顺利实现二者的成功对接，不仅在于公安机关内部拥有足够丰富的人力资源，更在于社会治疗机构具有完备与系统地接纳精神病人的医疗资源。根据相关资料，笔者以为，公安机关内部人力资源不足与设施条件匮乏及外部医疗资源贫困这两个因素，造成对无责任能力与部分责任能力的精神病人治疗措施适用率低下。

首先，从内部条件看，公安机关人力资源不足与设施条件匮乏。我国警力严重不足，已是不争的事实。在此种形势下，我国警察还面临众多非职业化事件的处置，其打击犯罪与维护社会秩序的职能将会受到削弱。① 对精神病人违法、犯罪的处置虽是警察职业化的功能，但警察针对这些特殊主体处置显然有别于一般主体，差别在于：警察不仅需要控制精神病人的暴力犯罪行为，还需要移送精神病人至安全地点，如看守所、精神健康机构等。在精神病人制造的刑事案件中，警察担当双重角色，即社会秩序的维护者与精神病人权益的保护者。这两种相互排斥的角色，使得警察在实践中的处置难以中立而不可避免会左右摇摆。同时，针对精神病人的案件，警察需深谙处置的专业知识与技能，譬如如何辨识精神病人的精神状态、缓解他们的过激情绪及提供医疗救助，等等。显然，这些处置技术非一般警察所能胜任。而且，一旦对精神病人的处置失当，很容易导致警察或精神病人受到伤害，甚至引发更严重的事件。因此，直面精神病人的案件，使处置正当与有效，公安机关需要设计专门的机构及配置合适的人员。然而，这两方面的建设在我国公安部门显得力有不逮。

---

① 参见《中国警力严重不足　职业化刻不容缓》，载 http://news.sina.com.cn/c/2003-02-18/1615912974.shtml，2012 年 9 月 1 日访问。

一方面,在理念上还未重视对精神病人的处置,警察专门的职业培训机制缺失。长期以来,我国的刑事司法制度持有"重打击、轻保护"的观念,警察权力的运用直接、全面而深入,于精神病人犯罪的处置也是如此。这主要表现在:① 公安机关对一些社会影响力大与颇具敏感性的案件往往不启动精神病鉴定程序,尤其是犯罪嫌疑人可能被判处死刑且家属及社会公众要求启动鉴定程序的情形下也是如此,如马加爵案、邱兴华案等;② 在公安机关内部绩效考核的压力下,侦查人员为追求立案数与破案率,可能将实施犯罪的精神病人当成精神正常人予以处置。① 在这种内外因素的双重作用下,公安机关在处理精神病人实施犯罪的问题上,偏向于严厉的处置态度,办案功利主义的思想在我国侦查人员中依然盛行,将实施犯罪的精神病人当成"病人"远离刑事司法体系并移送精神健康机构治疗的观念远未形成。在这种办案观念的指引下,培养专门处置精神病人的专业警察显然不必要,且警力整体不富裕的状况,也难以开展挑选精兵强将进行职业培训的任务。

另一方面,公安机关内部安置精神病人的医疗机构资源有限,难以为精神病人提供充分的治疗。安康医院是政府投资,当地公安局管理,主要是安置严重犯罪的无刑事责任能力精神病人住院治疗的机构,目的是保护公共安全与促进病人康复。这在一定程度上解决了刑事司法处遇的主要问题,即弥补了对精神病人提供治疗设施的缺失。一般而言,入住安康医院的精神病人,经过一到两年的康复治疗,若病情稳定,即可出院。但也存在一些病人终生不能出院,因为医生难以保障病人出院后不会实施更严重的犯罪。② 这就产生了一个悖论:① 随着精神病人触法事件的增长,财政支持却并未跟进应对,导致安

---

① 典型案例如吕天喜"被监狱"事件与刘卫中"被杀人"事件,参见柴会群:《精神病人被判刑入狱:一路绿灯!》,载《南方周末》2011 年 9 月 15 日第 A6 版;参见《"抓精神病人抵杀人犯"问题出在哪儿?》,载 http://news.xinhuanet.com/theory/2010-05/19/c_12118440.htm,2012 年 9 月 1 日访问。

② See Xie bin,"China's forensic psychiatry and its role in criminal justice system", world cultural psychiatry research review, No. 10:146(2007).

康医院提供的床位数严重不足①,难以消化公安机关移送的精神病人。为腾出床位数,安康医院已将住院治疗的期间缩短,但弊端是精神病人的病情难以完全康复,出院的精神病人仍是社会潜在的不安定因素。② 一些病人可能终生无法走出医院,而永久地霸占安康医院的稀缺资源。这一悖论,主要是由安康医院运作资金短缺、人员缺乏、设施有限的现状所导致。

其次,公安机关外部医疗资源贫困。从外部条件看,与上文相关,正是由于安康医院运作艰难,不能满足精神病人的诊断与治疗,于是,公安机关将一些精神病人移送普通综合医院或精神病院治疗。但在部分案件中,综合医院缺乏精神病治疗的设施,精神病院因救治条件滞后,在生存难以为继的背景下,不愿意接收公安机关移送的精神病人②,最终公安机关通知精神病人家属或监护人带回看管。家属或监护人也无力承担高额的医疗费,往往采取捆绑、铁笼等物理工具隔离精神病人,即使如此,一部分精神病人仍然未经任何治疗而无任何束缚地流入开放的社区中,最终酿成重大恶性案件。无论是专业的治疗精神病的医院,还是非专业的普通医院,均存在着资金投入不足、从业人员素质不高的状况。③ 可见,我国的精神健康机构未能形成系统化与完整化的救助精神病人的网络,其提供的医疗服务资源尚不完备,难以有效接收从刑事司法体系转移出的肇事肇祸的无刑责能力的精神病人。而且,国家财政、民政、社会保障等部门也未提供相关的支持与救助,这些救治管道的缺失也是导致大量精神病人免责后被无条件释放而难以接受治疗的主要原因。

---

① 参见陈卫东等:《司法精神病鉴定刑事立法与实务改革研究》,中国法制出版社2011年版,第231页。
② 参见侯中才、徐露:《民警送流浪精神病人就医 连跑三医院均遭拒》,载 http://view.news.qq.com/a/20100413/000010.htm,2012年9月1日访问。
③ 据调查,从资金投入看,精神卫生投入占国家卫生总投入的比例低下;从执业人员层次上讲,中国精神科医生稀少且学历低,难以应对数量众多且严重的精神病患者。参见《我国精神病患者犯罪持续上升 法律盲区执法尴尬》,载 http://view.news.qq.com/a/20100413/000009.htm,2012年9月1日访问。

从上观之,警察职业培训欠缺,安康医院医疗资源薄弱,社会医疗组织结构分散,其他社会组织(民政、人力资源与社会保障部门等)救助缺位,这都将对公安机关与社会医疗机构及相关组织的相互合作致力于建设精神病人的社会控制网络带来困境。

解读 2. 有部分责任能力的精神病人的处置:移送看守所关押何以成为公安机关的选择?

理论而言,有部分责任能力的精神病人是有罪兼有病的结合体。依据刑法理论,这类人需要承担刑事责任,但可受到从轻或减轻处理。与无责任能力的精神病人相比,此类人不仅需要惩罚,同时还需要治疗。也就是说,部分责任能力的精神病人的处置将在刑事司法体系与精神健康体系移动与安置。而两大体系之合作共处精神病人的方案,因前述精神健康机构设施、人员、资金等匮乏,在实践中运行效果并不理想。与移送精神健康机构治疗相比,移送看守所关押适用程序简便,运行成本低廉,封闭的拘束环境亦能有效保证审讯效果,同时能够符合社会防卫的需要。正因为如此,警察对精神病人的处置偏向选择刑事司法体系,而且,这亦是平息民怨与稳定秩序的有效方式。

首先,移交看守所关押是侦查机关经内部审批程序的惯习行为。根据《中华人民共和国看守所条例》,看守所是羁押犯罪嫌疑人的场所,具有保证刑事诉讼顺利进行的功能。一般而言,在看守所羁押犯罪嫌疑人,可凭借公安机关签发的刑事拘留证、逮捕证执行。在实践中,绝大多数案件的拘留是逮捕的前置程序,即被逮捕的犯罪嫌疑人一般已被刑事拘留。[①] 于是可以推定:看守所关押犯罪嫌疑人是以签发拘留证为前提的,申请检察机关批准逮捕的程序并不影响犯罪嫌疑人在看守所的出入,而拘留证之审批与执行均归属公安机关,已成为

---

① 参见左卫民、马静华:《侦查羁押制度:问题与出路——从查证保障功能角度的分析》,载左卫民等:《中国刑事诉讼运行机制实证研究》,法律出版社2007年版,第88页。

公安机关的内部程序。① 在这种权力行使结构之下,公安机关将犯罪嫌疑人拘留及移送看守所收押、释放都是在刑事司法体系内部封闭的环境中运作,外部门的监督与制约自然受限。抓获犯罪嫌疑人后,移送看守所关押就成为当下侦查机关一种习惯办案路数。显然,看守所已非中立机构,已成为侦查机关打击犯罪的工具,其功能主要是"便于侦查机关展开正常的审讯工作,具有防止犯罪嫌疑人逃跑、逃匿、毁灭证据等妨碍侦查工作的有序推进的场所。"②因此,对精神病人犯罪的案件,只要侦查机关"认为"犯罪嫌疑人思维清楚,陈述前后无矛盾,就会作为精神正常的人处理。看守所羁押精神病人,也就成为常用的处置方式。当然,在某些案件中,看守所出于防范安全事故的利己动机,也并非完全偏向侦查机关的利益,对有明显迹象或证据表明犯罪嫌疑人具有精神病(包括无刑事责任能力与限制刑事责任能力的情形),而作出拒绝收押精神病人的决定。③

其次,移交看守所关押便于审讯工作。从侦查追求封闭性的保障角度看,由于看守所具有天然封闭的特点,侦查机关相当一部分审讯工作在看守所里进行。尽管看守所提讯室的认罪率不及拘留前公安机关办公室内的认罪率④,然而拘留后的进一步审讯对案件的继续查证与补证也相当重要。尤其是对于精神状态异常,在审讯无法正常开展的情况下,看守所可以当做是一个比较安全与缓解的地点。从安全的角度看,在侦查机关委托精神病鉴定机构对犯罪嫌疑人的精神状态评估过程中,看守所可加强监控,防止发生犯罪嫌疑人侵害他人与被侵害的现象。从缓解的角度看,一旦确定犯罪嫌疑人具有刑事责任能

---

① 参见马静华:《侦查权力的控制如何实现——以刑事拘留审批制度为例的分析》,载《政法论坛》2009年第5期,第55页。
② 赵震:《看守所功能之应然定位》,载《法制日报》2011年6月8日第12版。
③ 譬如,在河南省南阳市刘建中杀人案中,看守所知晓刘建中具有精神病史后拒绝收押。随后,侦查机关委托精神病鉴定,鉴定意见显示刘建中为部分刑事责任能力人,但看守人仍然拒绝收押。参见《精神病人犯罪暴露法律盲点》,载《河南法制报》2008年12月30日第13版。
④ 参见刘方权:《认真对待侦查讯问》,载左卫民等:《中国刑事诉讼运行机制实证研究》,法律出版社2007年版,第48页。

力,看守所可继续为侦查机关审讯提供条件。总体上,在侦查人员看来,看守所依附侦查机关的非中立角色,可为防止精神病人实施暴力行为与侦查机关顺利展开审讯提供适当的安置场所。

再次,移交看守所关押具有社会可接受性。对于犯罪嫌疑人实施的重大恶性案件,一旦确认犯罪嫌疑人为精神病人,容易引发被害人及其家属(如果有被害人的话)甚至社会大众的不满与质疑。由于对精神病人处置本身无明确的法律规定,而又涉及精神病学知识,公安机关的操作难度不言而喻。尽管如此,在处置精神病人案件时,合法性与可接受性应是公安机关裁量的两个基本原则,前者要求依法办事,后者要求处理结果尽量不能偏离被害人及其家属预期。但是,一旦处理结果可能或已经引发被害人及其家属的抗议及上访等极端事件,可接受性将成为首要考虑的因素,合法性将会在一定程度上接受妥协甚至舍弃。[①]而促使处理结果接近社会效果,关押甚至处决精神病人都是社会大众愿意接受的处理方式。显然,公安机关将精神病人移交看守所关押是牺牲合法性,违背正当性,却达到了追求社会效果的目的。在无明确法律依据参考的前提下,而又不能找寻到最优的处置方式,合乎社会大众期许的次优解决方式也许是合理的选择。同时,在党委与政府日益重视维稳的时代,公安机关执法已更加凸显融合政治化与社会化力量的形态,合法性空间受到挑战与挤压,这也许是执法的一种进步性,但可能是一种倒退。进步的是,公权力受到制约与监督;倒退的是,此种制约与监督是以牺牲法治为前提的,可能引发新的不公正及合法性危机。

[①] 在王逸案中,公安机关委托精神病机构的两次鉴定结果显示为无刑事责任能力,但迫于被害人的抗议、上访行为,随后又再次委托鉴定,鉴定结果表明王逸具有刑事责任能力。最终,王逸被逮捕并移送检察机关起诉。参见《特稿:南通"5.28"亲姐妹硫酸毁容案纪实》,载 http://news.sina.com.cn/china/2000-06-30/102761.html,2012 年 9 月 1 日访问。

(4) 实践中公安机关对精神病人的处置:一个整体性的剖析与评价

从整体性角度剖析与评价实践中公安机关对精神病人的处置方式,旨在为公安机关建立合适的处置方式提供改进方向。对于精神病人实施的刑事案件,警察角色定位至关重要,直接影响后续的处置工作。如果警察定位为犯罪的打击者,控制精神病人与防止发生社会危险性是主要目的。如果定位为社会的服务者,移送医院治疗与防止重新犯罪为主要目标。无论是打击犯罪,还是服务社会,二者适用的处置方式均涉及限制精神病人的人身自由,差别在于前者具有惩罚功能,后者具有保护与治疗价值。理想的警察处置模式应是兼具犯罪控制与保障精神病人权益的目标,通过这一标准剖析与评价实践中的公安机关处置是否兼顾权力运行与权利保障的双重价值。

从犯罪控制的角度分析,公安机关常态的处置方式主要是公权力单方主导式的调查模式,以能够满足侦查的需要、有效控制犯罪为主要目的。警察在接触已发刑事案件时,往往是根据案件的严重程度及行为人嫌疑强弱程度的不同决定选择相应的处置方式,以及选择何种具体便利且有效的处置类型。对于重大恶性及社会影响力大的案件,往往启动重特大案件应急处理机制,在短时间内抓获犯罪嫌疑人,限制嫌疑人的人身自由,适用强制处分,移送看守所关押,最终移送检察机关起诉。在处置过程中,对被追诉方提出精神病鉴定的申请,警察往往根据案件性质、侵害对象及审讯中的表现等因素决定是否启动鉴定程序。即使如此,由于启动标准的含糊,警察甚至有权主观认定犯罪嫌疑人的精神状态问题。而且,在警察决定委托精神病鉴定的案件中,鉴定程序也是依附于调查程序,成为侦查程序中附带查明案件事实的一个环节,鉴定结果就必然难以客观、公正地反映犯罪嫌疑人的精神状态,即可能存在无责任能力鉴定为有责任能力的情况,以便于侦查机关追诉犯罪。鉴定在侦查程序中的非独立性地位,实质上可能成为侦查机关打击犯罪的工具。尤其是侦查机关在处置重大恶性案件时,会将抓获犯罪嫌疑人、查明案件事实以及社会评价放在优先顺位上,对于犯罪嫌疑人的精神状态以及确定精神状态后的结果是否影响案件的处置方式,则是次要关注的问题。侦查机关调查的封闭性及流水式作业的处理机制,对侦查工作的有效性强调显而易见。当然,并非对所有案件侦查机关都以打击犯罪为价值取向,而完全罔顾犯罪嫌疑人的权利保障。在一些案件中,侦查机关为保障权力行使的正当性,主动启动鉴定与确认行为人的精神状态,对于无刑责的精神病人也作出移送精神健康机构治疗的处理。只是这种处理仍然是实践中的一小部分,诸多无责的精神病人被释放或移送家属监护。整体而言,实践中警察处置方式的价值取向偏向打击犯罪(保卫社会)的需要。

从保障精神病人权益的角度剖析,警察常态的处置方式在权力制约与权利保护方面值得进一步探讨。

探讨之一,当警察发现犯罪嫌疑人精神异常时,往往存在继续讯问的情形,目的是查明犯罪事实与获得犯罪嫌疑人供述。在获证后,警察才会委托精神科医生对犯罪嫌疑人展开调查。在十分罕见的情况下,当犯罪嫌疑人极度不配合审讯,要求会见律师时,公安机关才会被迫安排律师会见。此时律师主要是起到了解案情、提供法律咨询、安抚嫌疑人心理等作用,并非审讯时在场聆听。然而,行为人存在精神障碍时,在审讯中更容易处于弱势地位,若无适当成年人或律师在场,容易回答侦查人员的诱导性问题,承认犯罪事实,存在自证其罪的危险性。另外,更难以保证不发生非法取证等危及犯罪嫌疑人的自由及其他权利的事件。

探讨之二,警察在认定行为人具有精神病后,一些情况下依法将其无条件释放,通知家属将精神病人带回监护。公安机关仅将少数严重犯罪的精神病人送至精神病院治疗。此种无条件释放对保卫社会及促进精神病人康复十分不利,容易增添更多社会不稳定的因素。尤其是有部分刑事责任能力的精神病人在不治疗的情形下,潜在的社会危害性更大。

探讨之三,警察对犯罪嫌疑人采取保护性约束措施是十分含糊的,需要受到比例原则的限制,也就是说,社会危险性愈高,保护性约束措施愈强。但在某些案件中,为留置犯罪嫌疑人进行身体检查,往往对危险性不高的精神病人适用物理强制措施。这种权力的行使缺乏正当的根据及适用期限的不确定,难以避免对精神病人的自由及健康权利造成不当损害。

探讨之四,警察处置精神病人是依据精神状态正常的人适用侦查程序,无特殊机构及人员参与和协助应对这类特殊人群。在这种社会分工日益明确的时代背景下,非专业机构及人员组成的应对机制显然缺少规范性、专业性及正当性,难以避免处置程序的不稳定性及结果的不确定性,精神病人的各项权利也就处于无法预知的状态。若长时间寻找不到合适的处置方式,或适用错误的处置方式,都将可能加重精神病人的病情,对精神病人的健康造成诸多损害。

探讨之五,当精神病人涉嫌重大案件时,警察适用拘留、逮捕、关押看守所、移送医院治疗、无条件释放是常态的解决方法,而前文论证表明,公安机关内部与外部资源缺乏,将重大案件的精神病人移送医院治疗都已无法满足,轻罪案件的精神病人的治疗应该更有限。为此,笔者可以合理假定,对实施轻罪案件的精神病人适用关押看守所或无条件释放应是常用的处理策略。于是,值得探讨的是,对轻罪案件的精神病人适用关押看守所可能加重病情怎么办?无罪释放可能产生新的更大的社会危险性怎么办?如果笔者的假定得以肯定,对轻罪案件的精神病人适用何种处置方式才算适当?这些问题都需要反思与解答。

综上,可以得出一个大致结论:由于立法薄弱,实践中警察处置呈现不稳定、不确定的态势,在价值取向上,它主要偏向执行法律,以打击犯罪为根本目标。尽管公安机关的治理逻辑中表现出对保护精神病人的权益的某种程度上的关注,但公安机关内部资源贫困,外部条件保障缺乏,加上政治力量与社会力量的强势参与,使得治理天平偏向保护多数社会大众及最终政府需要的维稳态势,进而形成精神病人的权益还没有充分纳入公安司法机关及社会大众的视野的局面。可见,实践中警察对精神病人的处置未形成系统化、制度化的理念,当下处置现状呈现碎片化与混沌化的倾向。未来应构筑与完善刑事诉讼中精神病人的保护,公安机关的执法理念、制度与程序应是改进的重点内容。

2. 检察机关

检察机关承担着调查、提起公诉、法律监督等职能。[①] 可以说,检察机关的职能贯穿刑事司法程序的全过程,不仅在刑事诉讼中负有职责,而且在刑事政策上也产生了重要影响。对犯罪嫌疑人涉嫌暴力犯罪的案件,公安机关具有广泛的侦查权,检察机关主要承担公诉与监督任务。为保障精神病人在整个刑事司法程序中处置的完整性,本项研究主要讨论位处流水线作业司法的审查起诉环节中的检察机关对精神病人的处理。关于检察机关对精神病人的处理主要表现在《1999年规则》中不多的几项条款中,根据《1999年规则》第255条的规定,在审查起诉中,发现被追诉人有患精神病可能的,应当对其鉴定。被追诉人的辩护人或亲属也可向检察院申请对被追诉人进行精神病鉴定。经过鉴定,如果精神病人为无责任能力,检察院应当不起诉;如果精神病人存在责任能力,符合起诉条件的,检察院应当作出起诉的决定。[②] 第257条规定,检察院可针对精神病鉴定结果从事补充鉴定或重新鉴定。第273条规定,在审查起诉中,检察院可对精神病人中止审查。第291条规定,检察院对不起诉的精神病人可以适用训诫或者责令具结悔过、赔礼道歉、赔偿损失。这表明检察机关对精神病人可以适用酌定不起诉,即对精神病人决定不起诉后适用非刑罚处罚方法。[③] 总体上,相对于一般犯罪嫌疑人而言,立法关于检察机关对精神病人的处理的规定主要是决定是否启动鉴定,以及鉴定后对不同责任能力的精神病人是否提起公诉。

---

① 参见《1999年规则》第2条。
② 参见蔡巍:《附条件不起诉对精神病人实施轻罪案件的程序分流》,载《政法论坛》2011年第3期,第118页。
③ 参见同上。

以上规范检察机关对精神病人处理之立法,在实践中运行如何?检察机关可能采取的常态处置方式是什么?检察机关对精神病人表现出何种治理态度?对此,可逐一分析与评价。

表2-3 检察机关处置方式运行状况

案情	鉴定前处置	鉴定的启动及结果	(未)鉴定后的处置
2007年施稳清杀人纵火案	依照通常程序办理	被追诉人提出精神病鉴定请求,检察机关委托鉴定,鉴定结果为完全刑事责任能力	提起公诉
2007年李连华伤害、杀人案	依照通常程序办理	检察机关发现李连华精神异常,于是建议公安机关补充侦查,并对李连华进行精神病鉴定,鉴定结果显示为"偏执性精神障碍";检察机关再次委托鉴定,鉴定结果跟前次相同	因精神疾病,检察机关对李连华故意杀人行为不起诉,变更管辖机关,以故意伤害罪重新起诉
2008年杨佳袭警案	检警联合审讯	被追诉方与检察机关都未提出对杨佳作精神病鉴定	提起公诉
2009年熊振林特大杀人案	检警联合审讯	熊振林在审查起诉阶段提出精神病鉴定申请,但检察机关未同意	提起公诉
2009年何胜凯杀法警案	依照通常程序办理	辩护律师申请对何胜凯作精神病鉴定,检察机关未同意	提起公诉
2010年郑民生杀人案	启动案件快速办理机制,最终快捕快诉	侦查阶段律师提出对郑民生作精神病鉴定,但审查起诉阶段没有出现鉴定结果	提起公诉

(1)实践状况

表2-3反映的是检察机关对6件有代表性的精神病人制造的刑事案件处理的情况,其他案件都按照通常程序办理。选择这6件案件考察的目的在于通过描述实践中检察机关的处置样态,并结合其他案

件,在此基础上提炼出一些关于处理精神病人常态化或规律性的要素。

从整体上观察,检察机关对4件案件的犯罪嫌疑人没有启动鉴定,这既包含被追诉方申请鉴定被检察机关驳回,也包含被追诉方及检察机关都未提出鉴定的情形。另外,这6件案件审查起诉的结果是在较短的时间内都提起了公诉。具体而言,在熊振林案中,检警联合审讯。犯罪嫌疑人在审查起诉阶段提出精神病鉴定申请,但检察机关未同意请求,作出提起公诉的决定。在杨佳案中,检警共同审讯,检察机关与被追诉方都未提出鉴定。在郑民生案中,检察机关启动案件快速办理机制,以"快捕快诉"方式办案。律师尽管在侦查阶段提出鉴定申请,但犯罪嫌疑人在移送鉴定的当天,检察机关提起公诉。在何胜凯案中,律师在侦查阶段与审查起诉阶段都提出了鉴定申请,检察机关拒绝了鉴定请求。在施稳清案中,犯罪嫌疑人提出鉴定申请,检察机关委托机构鉴定,鉴定结果为完全刑事责任能力。在李连华案中,检察机关发现犯罪嫌疑人精神异常,于是建议公安机关补充侦查并对李连华安排精神病鉴定,鉴定结果显示为"偏执型精神障碍";为确证李连华的精神状态,检察机关又再次委托鉴定,鉴定结果与前次相同。综合比较6件案件的处理实况,可以发现:

第一,批捕率及案件被起诉率高。在这些案例中,只要公安机关申请批准逮捕,检察机关几乎无一例外的批准。同时,无论是检察机关委托鉴定的案件,还是被追诉方提出鉴定请求被拒绝,而没有委托的案件,无论是鉴定结果显示被追诉人为完全刑事责任能力者,还是部分刑事责任能力者,检察机关都作出提起公诉的决定。甚至在某些案件中,已有资料表明侦查阶段已经委托专门机构鉴定,在鉴定结果未能表明犯罪嫌疑人精神状态是否正常的情形下,检察机关根据案件事实及证据也会作出起诉决定。[①]

[①] 参见《南平凶杀案嫌疑人被押做精神鉴定 已被提起公诉》,载 http://news.sohu.com/20100327/n271138872.shtml,2012年9月1日访问。

第二,检警联合办案,共同审讯被追诉人。检察机关对于重大恶性案件,往往启动案件应急办理机制,提前介入引导侦查获证。相比其他刑事案件,检察机关在侦查阶段即已熟悉案情,审查批捕及审查起诉的过程就会相应提速,提起公诉的时间也会缩减。在熊振林、杨佳及郑民生案中,从抓获到提起公诉分别花费的时间为13日、18日及5日。

第三,在审查起诉环节,精神病鉴定并非检察机关主要从事的诉讼活动。在启动鉴定的10件案件中,只有两件检察机关提起鉴定申请。如果检察机关提审时发现犯罪嫌疑人精神异常,或阅卷时认为事实与证据不清,一般是将案件退回公安机关补充侦查,同时建议公安机关委托精神病鉴定。

(2)问题之揭示及原因阐释

通过对上述6件案例处理情况的基本描述,结合其他案件的处理,可以大致推断如下:检察机关对精神病人实施的重大恶性案件提起公诉的可能性较高,极少从事精神病鉴定活动。对无刑事责任能力的精神病人,很少提供治疗服务。相关学者的研究也证实,在审查起诉阶段,检察机关委托精神病鉴定的案件较少,远不如公安机关委托精神病鉴定的案件。① 根据"旧规则"第255条的规定,检察院在审查

---

① 林勇、胡泽卿等人的研究表明,公安机关、法院在委托刑事责任能力鉴定的案件比例较高,远高于检察院。参见林勇、胡泽卿等:《广东、四川两地鉴定机构2 916例司法精神病学鉴定资料对照分析》,载《广州医药》2008年第1期,第29页。另外,胡泽卿、刘协和的研究证实,公安机关、法院是委托精神病鉴定的主要机构,其中公安机关委托鉴定的案件数高于法院。参见胡泽卿、刘协和:《司法精神病学鉴定后的处理情况调查》,载《法律与医学杂志》1998年第2期,第61页。陈卫东等人的研究也显示,司法精神病鉴定大多是在侦查阶段与审判阶段。参见陈卫东等:《司法精神病鉴定刑事立法与实务改革研究》,中国法制出版社2011年版,第194—195页。孔娣等人通过10年的司法精神病鉴定案例对照分析后,认为公安机关送检的案例比重最高,其次是法院。参见孔娣、宋小莉等:《1997年—2006年司法精神病学鉴定案例比较》,载《精神医学杂志》2008年第2期,第128页,等等。左卫民教授对检察院审查案卷的实证调研也表明,检察机关很少进行精神病鉴定活动。参见左卫民:《中国刑事案卷制度研究:实证与比较法上的考察与前瞻——以证据案卷为重心》,载左卫民等:《中国刑事诉讼运行机制实证研究(二):以审前程序为重心》,法律出版社2009年版,第192页。

起诉阶段主导筛选精神病人并远离刑事诉讼程序的功能没有达到理想效果,大部分案件被追诉人的精神状态要么是在侦查阶段确认,要么持续到审判阶段评估。因而,《1999年规则》第299条规定的检察院对精神病人适用酌定不起诉的程序也就缺乏生长的空间。另外,有关论者实证研究表明,对于一定比例的犯罪嫌疑人为无刑事责任能力的案件,检察机关采取的是退处形式处理。① 问题因此而生,检察机关为何没有选择从事精神病鉴定？为何运用非法律规定的退处形式处理无刑事责任能力的精神病人案件？与此相关,检察机关对精神病人处理逻辑的利弊如何评价？

问题1. 精神病人的处置:非正式(退处)与正式(起诉)处理的混合何以成为检察机关的选择？

根据公安机关、检察机关处理精神病人的直观层面的描述与解释,笔者以为,检警关系对检察机关选择非正式与正式方式混合处理精神病人产生了较大影响。长期以来,检警关系一贯是合作有余而制约不足,"检察官在办案过程中也有意或无意将公安机关定位于与检察机关同质的打击犯罪的机关"。② 出于这种共同控制犯罪的观念,检察官将在案件处理中兼顾各方利益的最大化诉求。尤其是一些命案,检察官更有可能关照警察对犯罪嫌疑人处置的愿望,以达到司法机关对重罪案件速处的目的。具体到检察机关对精神病人处理的案件,如果在侦查阶段公安机关没有委托鉴定,或者委托鉴定且鉴定结果显示无精神病,检察机关在审查起诉的过程中往往顺从公安机关的意见。这一顺从的结果就是检察机关致力于审查犯罪事实与证据情况,以决定是否起诉,而罔顾犯罪嫌疑人是否存在刑事责任能力。因为一旦检察机关重新鉴定或单方委托鉴定,都有可能造成建议公安机关撤回起诉或不起诉的结果,两种处置结果在实质效果上都难以兼顾公安机关

---

① 参见侯晓焱:《起诉裁量权行使状况之实证分析》,载《政治与法律》2009年第3期,第160页。
② 郭松:《中国刑事诉讼运行机制实证研究(四):审查逮捕制度实证研究》,法律出版社2011年版,第171页。

与自身的利益。为弱化不起诉对公安机关与自身利益带来的减损,对鉴定为精神病人的案件,实践中检察机关往往通过运用不影响业绩考评的退处方式达到不起诉的效果。① 退处的案件一般主要是针对无刑事责任能力的犯罪嫌疑人,而对有部分刑事责任能力的精神病人,往往采取直接而又简单化且较少实质性否定或违背公安机关侦查效果的处置方式,此时,移送审查起诉就变成通常对各自利益具有双赢效果的做法。在这种情况下,退处与起诉就成为检察机关常态的处置方式。

问题2. 疑似精神病人的处置:何以鉴定率低,而起诉率高?

笔者以为,案件本身情况、政治力量与社会力量的参与与鉴定后续处理保障缺失等因素,造成检察机关委托鉴定率低而起诉率高的现实。

首先,案件本身情况是影响检察机关处理精神病人方式的重要因素。案件本身情况包含两个方面的含义:一是案件事实与证据情况。检察机关对犯罪事实清楚,证据材料确实、充分的案件,甚至在检警联合办案开展审讯的模式下,检察官提前已详细掌握犯罪嫌疑人的口供,如果检察官判定审查起诉前后犯罪嫌疑人表现无异常、供述较稳定的情况下,认定精神状态正常,无须启动精神病鉴定程序而直接提起公诉就成为可取的选择。二是案件自身的特点,这里主要是指检察机关处理案件在性质上的特点。对犯罪嫌疑人实施的故意杀人、伤害等主观恶性大、影响力广的案件,为追求打击犯罪的及时性与有效性,检察机关往往着重于审查案件事实与证据情况,快速移送起诉是通常的做法。相反,精神病鉴定过程需要一定的时间耗费,不会立即出现鉴定结果。另外,精神病鉴定技术具有一定的不稳定性,可能造成鉴定结果的不确定性,且这种不确定的鉴定结果,又会增加检察机关对犯罪嫌疑人的处理难度。对这种既可能干扰正常的刑事诉讼进程,又

---

① 参见侯晓焱:《起诉裁量权行使状况之实证分析》,载《政治与法律》2009 年第 3 期,第 159 页。

可能导致后续处置困难的精神病鉴定,显然不是检察机关重点关注的做法。

其次,受地方党委与政府的意志及被害方意见的影响。精神病人犯罪涉及的重大恶性案件,启动鉴定及不起诉都可能影响被害方及民众的情绪而容易引发不良事件,地方政治力量为安抚民心及维护地区社会稳定,往往亲自过问与指导案件的处理进程。检察机关并非"独立"的司法机关,办案服务于地方党委及政府的意志也就变得自然而然。在政治力量与社会力量的介入下,检察机关对精神病人的处置可能就会偏离正常的诉讼程序,比如将不起诉的案件提起公诉,将需要鉴定的案件拒绝委托鉴定等。

再次,鉴定后续处理的保障缺失。除了检警之间存在的微妙关系之外,检察机关拒绝委托鉴定的理由主要还在于犯罪嫌疑人被鉴定为精神病人的后续处置问题。在实践中,70%~80%的案件是由公安机关委托鉴定,公安机关成为委托精神病鉴定的主要单位。侦查阶段产生如此高的鉴定率,有两个方面的原因:① 公安机关全面调查犯罪事实,收集相关证据,与犯罪嫌疑人接触频繁且密切,容易发现与辨识犯罪嫌疑人的精神状态;② 公安机关启动鉴定无后续处置之负担,安康医院与看守所可以完成公安机关收治精神病人的任务。与公安机关相反,检察机关审查案件时,多以书面形式调查,虽为查清事实涉及提审犯罪嫌疑人的情形,但此种接触时间较短,交流次数较少。在这种情况下,检察机关难以确定犯罪嫌疑人的精神是否异常。更重要的是,如果检察机关审查中认为犯罪嫌疑人可能存在精神异常,决定委托鉴定的可能性也较低。因为检察机关可以证据不足将案件退回公安机关补充侦查,并建议公安机关安排精神病鉴定。另外,由于刑事司法体系内的安康医院仅是为公安机关服务的机构,社会中的精神病院又不愿接收司法机关转移来的精神病人,后续处置场所的缺位,造成检察机关不能也不愿启动鉴定程序。在检察机关看来,任由看守所关押并满足社会防卫的需要,继而提起公诉也许是比较现实的选择。①

(3)检察机关对精神病人的处置方式:困顿与反思

通过前述关于检察机关对精神病人处置方式的考察,可以发现两个方面的问题:① 在审查起诉阶段,检察机关通过鉴定筛选精神病人的机制失灵,案件处理主要以审查犯罪事实与证据之完整性与准确性为重点,而甚少考量犯罪嫌疑人的刑事责任能力。理论上处置方式面临合法律性的危机。② 造成这种危机是多种因素混杂与牵制的结果,这与检察机关主观上不具备辨识精神病人的能力与不信任精神病鉴定所依赖的尚不够稳定与成熟的技术与程序产生不确定的鉴定结果有关。当然,从客观上来看,缺乏鉴定后相关配套制度对适当处置的跟进,也是检察机关不愿意启动鉴定的因素。这在一定程度上造成检察机关不愿或无力考虑犯罪嫌疑人的精神状态。但更有可能的是检察机关如果严格按照法律规定启动鉴定,对无刑事责任能力的精神病人不起诉,检察机关将面临左支右绌的不利境地。如在法律程序内部,检察机关将失去打击犯罪的高效率,比如案件处理影响了公安机关的逮捕率,造成检警关系的紧张,协作共治犯罪的工作效率及能力可能因此受到降低与削弱。在法律程序外部,在硬件方面,检察机关将失去打击犯罪的权力配置与资源供给,而直接影响打击犯罪的效果;在软件方面,检察机关将面临失去司法权威的危机,比如民众及媒体的意见与检察机关的处置决定不一致形成激烈抗争时,对检察机关的质疑、不满将严重影响司法权威的树立与强化。无论是硬件还是软件,检察机关都将遭受挫败而无力承受。

上述问题的产生,主要是将着力点偏向于检察机关打击犯罪的角度,从刑事诉讼程序的另一目的——保障人权——出发,精神病人可能面临的境遇如何呢?在理想处置模式下,在审查起诉阶段,检察机关可从事鉴定或复检,对部分或无刑事责任能力的犯罪嫌疑人提供治

---

① 当然,还存在其他处理方式,比如检察机关通过委托鉴定表明犯罪嫌疑人是无刑事责任能力的精神病人,通常也可运用退处方式过滤案件,交由公安机关处理。

疗渠道。也就是说,犯罪嫌疑人拥有申请重新鉴定的权利及治疗权。但实践中,囿于检察机关控制犯罪高压态势的限制,精神病人的上述权利受到极大压制。比如即使犯罪嫌疑人可申请精神病鉴定,检察机关可以凭借自身办案经验一票否决;尽管犯罪嫌疑人被鉴定为无刑事责任能力者,检察机关不起诉后给予的非刑罚处罚措施也不具备治疗性质。可见,既有的刑事诉讼程序设计对精神病人权益关照不足,处置方式多为惩罚意义,少见保护措施。而且,即使刑事司法程序配置一定的惩罚手段,也应提供诸多程序增强精神病人防御与对抗的能力,使惩罚具备正当性。然而,在惩罚与保护方面,检察机关已有的处置方式,都缺乏正当程序的指引与保证。

基于上述分析,检察机关对精神病人处置方式面临诸多困顿,既包括检察机关自身利益获取与协调问题,又存在精神病人权益保障不足的问题。相应的,破解难题并改进检察机关对精神病人的处置方式也可以从这两个方面着手。前者,在实践中,关涉检察机关与司法系统中的公安机关、政治系统中的地方党委与政府及社会系统中的民意等利益交织,"在整体社会结构及权力结构分化不高的状况下,各个系统之功能不可能在短期内实现分离,国家单向性努力推动的法治改革只能是一种美好的愿望"。① 这需要着眼于长期、渐进地推进社会整体性变革。尽管如此,这不必然导致司法系统内部检察机关在精神病人权益保障机制上无所作为,在短期内完善司法系统制度,建立适当的处置方式应对现实问题仍是必要的。理由在于:中国的现实情况是精神病人犯罪数量日渐增长,已对社会安全构成较大威胁,对刑事司法体系与精神卫生体系提出了严峻挑战。然而,社会系统内部对重性精神病人的监护已力不从心,无论是精神卫生机构,还是精神病人的家属,都难以有效地完成监护任务。在社会系统功能没有强大到足以支撑精神病人的权益保障的现实前提下,国家应勇敢且睿智地担当救治

---

① 郭松:《中国刑事诉讼运行机制实证研究(四):审查逮捕制度实证研究》,法律出版社2011年版,第179—180页。

精神病人的责任,以实现社会防卫与促进精神病人重返社会的目的。具体到司法系统中的检察机关,值得探讨的问题有三。

问题之一,审查起诉制度的两种危机

首先,合法律性危机。立法规定检察机关审查起诉不仅审查案件事实与证据,还需评估犯罪嫌疑人的精神状态。在实践中,对于精神病人实施的重大恶性案件,检察机关审查起诉的时间短暂而有效,这主要是检察机关提前介入部分案件并与公安机关联合审讯,达致"快捕快诉"的目的,以给社会一个满意的交待。凭借此种先入为主的处置方式,检察官在审查起诉环节的审讯及其他审查中容易形成预断,对犯罪嫌疑人精神状态的评定就会被虚置。在共同打击犯罪目标的观念的指引下,检警联合办案机制虽变得有效,但却漠视精神病人的权益,甚至造成伤害。在检察机关处理精神病人实施的重大案件中,效率是摆在优先顺位上的,偏离了审查起诉真正的目的。

其次,合法性危机。这主要包含两个方面:① 由于立法没有明确检察机关对精神病人中止审查以后的处置规定,造成检察机关常以这种灵活方式结案。前述分析指出退处为检察机关对无刑事责任能力精神病人采用的处置方式,而退处之效果在实质上具有结束案件的效力。这种实践中盛行并有实体裁决后果的处置方式,立法却无相应的规定予以约束。如果公安机关没有提供适当的治疗,而放任精神病人于开放的社会环境,这种不负责任及不人道的处置方式,将给社会安全埋下真正的隐患。② 实践中检察机关对精神病人甚少委托鉴定的原因,很有可能与立法中没有确定检察机关对不起诉精神病人的处置方式的性质有关。立法中明确对不起诉的犯罪嫌疑人适用训诫、赔偿、道歉、具结等形式,此种非刑罚处罚形式对于精神病人既无惩罚意义,也无救助效果。将精神病人与一般犯罪嫌疑人同等对待,而不是作为有病个体施以特别治疗计划的规则,显然不具正当意义而需要司法解释的未来修正。

问题之二,鉴定与后续处置之位次颠倒

从理论上而言,鉴定应成为检察机关进行后续处置之前提,意味着只有确认犯罪嫌疑人的刑事责任能力,后续处置才算正当。如有责则起诉,无责则不起诉。然而,通过实践中某些案件的处理表明,在怀疑犯罪嫌疑人是精神病人并在鉴定结果尚未确认之前,相关的处置决定已经展开。此种无依据的处置方式过于盲目与随意,鉴定基本根据打击犯罪的需要而定,难以避免鉴定结果可能对精神病人权益造成不当损害。需要指出的是,在鉴定是处置的前提下,对精神病人实施的不同轻重的案件,也有必要厘清且梯度有序处置类别,已有处置乱象,很难避开对精神病人权益保护层级混淆不清的弊害。

问题之三,对精神病人的处置无措

根据目前检察机关对精神病人的处置实践来看,要么是在刑事司法体系内按照一般犯罪嫌疑人的刑事诉讼程序审查起诉和提起公诉;要么是借助退处、非刑罚处罚等方法不起诉,将精神病人推向刑事司法体系之外。可以看出,两种处置实践都没有给精神病人提供治疗通道,检察机关的职责似乎就是惩罚犯罪,维护社会安全。对于进入刑事司法体系的精神病人能否接受惩罚以及排除于刑事司法体系之外的精神病人能否接受治疗,检察机关都无差别化的应对举措。检察机关对精神病人主导的单向惩罚而不顾及其精神状态的处置态度及行为,难以避免对"有病有罪"的精神病人的权益保障产生不利后果。

总体而言,实践中检察机关对精神病人的处置无立法规范,权力单方主导刑事诉讼进程颇为鲜明。检察机关决定精神病鉴定的案件较少,价值取向主要是偏向打击犯罪。这也反映出检察机关并不是我国处理精神病人的主要机构。但是,从对精神病人的处理方式来看,司法系统内部与外部都未充分关照精神病人的权益,而检察阶段作为刑事诉讼中的一个承上启下的至关重要的中间环节,检察机关保护精神病人的权益应是不可或缺的。因此,未来不仅需要完善已有的处置制度,还需进一步监督其他司法机构对刑事诉讼中精神病人处置方式的合法性与正当性,真正担当起法律所赋予的法律监督的重任。

3. 法院

检察机关提起公诉后,案件便流向法院审理。根据案件的具体情况,法院将决定对被告人适用相应的程序及给出妥当裁决。理论而言,适当的程序、合理的定罪及公正的量刑等原则应适用于每一位被告人,作为被告人的精神病人也应同样适用。但与一般被告人不同的是,精神病人是有病之被告,法院适用程序应区别于一般程序且有利于保障精神病人的权益。在我国立法中,如前所述,关于审判阶段精神病人的处置规定主要体现在1996年《刑事诉讼法》与《1998年解释》中。根据《1998年解释》第36条之规定,法院应当为部分刑事责任能力的精神病人指定辩护人;根据1996年《刑事诉讼法》第158条、《1998年解释》第59、60条及《关于办理死刑案件审查判断证据若干问题的规定》第24条、《关于进一步严格依法办案确保办理死刑案件质量的意见》第32条的规定,对鉴定意见有异议,法院应当通知鉴定人出庭作证,也可从事补充鉴定或重新鉴定;《1998年解释》第128条规定,精神病人及其家属、辩护人在庭审中有权利申请重新鉴定;第176条第7项规定,对无刑事责任能力的精神病人,应当判决宣告被告人不负刑事责任;第181条规定,对精神病人发病无法继续接受审理情况,应当裁定中止审理。客观而言,既有规范虽然粗疏,比如并未规定精神病抗辩及申请鉴定的程序及法律后果,但也对精神病人的权益提供了一定的保障,使得精神病人享有指定辩护、申请鉴定等权利。为考察审判阶段法院对精神病人的处置实践状况,笔者拟通过以下案件进行描述与分析,以此在一定程度上揭示法院对精神病人的处置态度及模型。

表 2-4　审判机关处置方式的运行状况

案情	鉴定前的处置	鉴定的启动及结果	（未）鉴定后的处置
1999年王逸泼硫酸案	指定辩护	一审法院采信第三份鉴定为完全刑事责任能力的意见;二审辩护方强烈要求重新鉴定,法院决定第四次鉴定,结果显示部分刑事责任能力;最高院组织第五次鉴定,结果与第四次鉴定相同	一审判处死刑;二审判处死缓
2004年马加爵杀人案	指定辩护	一审庭审前辩护人提出鉴定申请,鉴定意见为无精神病;庭审中,辩护人提出重新鉴定的申请,被法院驳回。	一审终审判处死刑
2006年邱兴华杀人案	指定辩护	一审辩护方未提出鉴定申请;二审辩护人申请鉴定,被法院驳回	一审判处死刑;二审维持原判
2006年黄文义杀人案	指定辩护	一审采信公安机关委托鉴定结果为部分刑事责任能力的意见	一审判处死缓期
2007年徐敏超杀害游客案	指定辩护	一审辩护人向法庭申请重新鉴定,法院决定鉴定并延期审理案件。最终法院采信第二次鉴定为限制责任能力的意见	一审判处有期徒刑15年;二审维持原判
2007年施稳清杀人纵火案	指定辩护	一审采信检察机关委托鉴定结果为完全刑事责任能力的意见,施稳清申请重新鉴定,被法院驳回	一审判处死刑
2007年李连华伤害、杀人案	数据缺省	二审被害方申请重新鉴定,结果显示与公、检委托鉴定的意见一致	一审判处两年零10个月有期徒刑

（续表）

案情	鉴定前的处置	鉴定的启动及结果	（未）鉴定后的处置
2008年杨佳袭警案	委托辩护与指定辩护	一审辩护人认为公安机关委托的鉴定存疑，申请重新鉴定，被法院驳回。二审辩护人要求重新鉴定，也被法庭驳回	一审判处死刑；二审维持原判
2009年熊振林杀人案	指定辩护	一审、二审辩护人提出精神病鉴定申请，法院当庭驳回。	一审判处死刑；二审维持原判
2009年何胜凯杀法警案	指定辩护	一审、二审、死刑复核辩护人提出精神病鉴定的申请，都被法院驳回	一审判处死刑；二审维持原判
2009年刘爱兵杀人放火案	指定辩护	一审法院采信公安机关委托鉴定结果为完全刑事责任能力的意见	一审判处死刑，被告人提出上诉
2009年邓玉娇案	委托辩护	一审法院采信公安机关送鉴结果为限制刑事责任能力的意见	一审终审判处构成故意伤害罪，但免除处罚
2010年刘宝和案	指定辩护	一审辩护人提出对刘宝和作精神病鉴定的申请，法院建议检察机关补充侦查并委托鉴定。最终，公安机关委托鉴定，鉴定结果为无刑事责任能力。被害人家属不服，要求上一级鉴定机构重新鉴定，鉴定结果仍是无刑事责任能力	公安局移送精神病院治疗，法院作出不负刑事责任的判决
2010年郑民生杀人案	指定辩护	鉴定结果一直未公布	一审判处死刑；二审维持原判

(1) 实践状况重点透视

表4揭示了法院对14件精神病人案件的不同处置实践状况①,在鉴定前,法院几乎给案件中的被追诉人都提供了指定辩护;在鉴定后,法院对精神病人的处置类型主要是判处死刑、移送监狱、移送精神病院。在侦、诉、审三个环节从未启动鉴定的案件有4件(邱兴华案、熊振林案、郑民生案与何胜凯案),法院重新鉴定的案件有4件(王逸案、徐敏超案、李连华案与刘宝和案),法院直接采信侦查阶段提供的鉴定意见的案件有5件(杨佳案、邓玉娇案、王逸案、刘爱兵案及黄文义案),起诉阶段提供的鉴定意见的案件有1件(施稳清案),法院退回补充侦查并由公安机关委托鉴定的案件有1件(刘宝和案)。根据以上统计,可以发现:

第一,法院对被害方的鉴定申请认可率较高。大部分案件是由被告方或被害方提出鉴定申请,法院决定委托鉴定。其中,被告方提出鉴定申请的案件为8件,法院决定鉴定的案件为3件,有2件是公安机关已委托鉴定的案件;被害方提出鉴定申请的案件为2件,法院全部同意予以鉴定。这说明,法院对被害方提出的鉴定申请,启动鉴定的频率较高。

第二,法院对未经鉴定的疑似精神病的被告人从重处罚。4件未经鉴定的案件均是故意杀人罪、故意伤害罪,被告人都被判处死刑,而且被告方在庭审中屡次提出鉴定申请,但均被法院驳回。

第三,法院对公、检提供的鉴定意见的采信率高。公、检委托鉴定的案件共有6件,法院对此全部采信。尽管被告方提出重新鉴定的申请,但被法院驳回。

第四,法院对精神病人安排的审判组织与程序与一般被告人相同。从审判组织结构上看,由于法院需要对公、检提供的鉴定意见以及自身委托鉴定的结果进行审查判断,而这种审查无论是质证的控辩

---

① 在侦查阶段,两件案件的犯罪嫌疑人被鉴定为无刑事责任能力,公安机关作出了释放处理的结果。

双方,还是审判组织成员,都不具备精神病医学知识。从量刑程序来看,法院对精神病人的量刑主要是基于控辩双方提供的事实与证据,仅考虑结合刑法规定的限制责任能力者从轻的原则作出判决,并未在程序上关照精神病人的特殊性。

第五,法院对部分刑事责任能力的精神病人多是监禁性刑罚,而没有提供关涉治疗服务的判决。除了邓玉娇案,法院判处免予处罚外,其他案件的精神病人都被送进监狱。

第六,对无刑事责任能力的精神病人提供治疗艰难。在刘宝和案中,在认定刘宝和为无刑事责任能力后,当地妥当安置患有精神病的刘宝和十分困难。于是,通过地方党委与政府牵头,召开党委、政府、法院、公安局与民政局的协调会议,最终决定由公安局移送精神病院治疗,费用由政府与民政部承担。强制医疗问题解决后,法院作出不负刑事责任的判决。

(2)法院的治理逻辑及原因阐释

以上是对法院处置精神病人的实践运作基本情况的一个简要描述,并根据案件处置的共同特点作出了初步解释。从整体角度来看,上述描述可以大致反映法院对精神病人的治理逻辑:惩罚大于治疗,打击犯罪重于保障人权。与立法背离的主要表现为:① 由于法院对公、检的鉴定意见采信率较高,实践中法院从事补充鉴定或重新鉴定率较低。对有异议的鉴定意见,法院并没有根据刑事诉讼法、《1998年解释》《关于办理死刑案件审查判断证据若干问题的规定》及《关于进一步严格依法办案确保办理死刑案件质量的意见》,首先考虑鉴定人出庭作证。即使法院发动鉴定,也是致力于倾向被害方的意见。② 对疑似精神病人判处死刑,这与《关于进一步严格依法办案确保办理死刑案件质量的意见》第35条规定的处刑时应当留有余地的情形相背离。③ 对精神病人的处理很少提供治疗渠道,比如对无刑事责任能力的精神病人强制医疗十分艰难,有部分刑事责任能力的精神病人在监狱执行刑罚。问题因此而生,实践中法院为何于法无据偏离正常的处置程序?无刑事责任能力的精神病人为何难以接受治疗?部分刑事责任能力的精神病人都移送监狱妥当吗？下文将逐一分析。

原因1. 精神病人的处置：何以防卫有效，治疗有限？

法院对部分与无刑事责任能力的精神病人处置方式不同，前者一般移送监狱执行刑罚，后者艰难地移送精神卫生机构治疗。监狱何以成为执行的主要场所，治疗又何以变得艰难呢？对部分刑事责任能力的精神病人而言，主要理由是：一方面，监狱是有效防止发生社会危险性的场所。对实施暴力犯罪的被追诉人，为防止其再次发生社会危险性，极端的做法应是简单处决或长期关进监狱。前者可彻底消除再次犯罪的危险，后者可永久剥夺被追诉人的犯罪能力，两种处置都具有惩罚与预防犯罪的效果。然而，根据我国立法，精神病人犯罪不是被刑事司法体系否定，就是被降低，对有部分刑事责任能力的行为人应当从轻处罚。显然，对于有部分刑事责任能力的精神病人而言，简单处决既不符合《刑法》第18条的规定，也不具有惩罚犯罪的效果。而移送监狱长期关押，约束精神病人的人身自由，抑制精神病人的犯罪能力，从而达到社会防卫的目的，也就成为法院一贯选择的处置方式。另一方面，治疗场所未能接收精神病人。有部分刑事责任能力的精神病人犯罪可能跟精神疾病具有密切关联，单方面通过刑事司法体系的惩罚，只能暂时防止其发生社会危险性，待精神病人刑满释放，其因疾病所带来的危险性并没有减轻或消除，反而有可能更加严重。于是，将精神病人送入精神卫生机构，通过药物治疗精神病人携带的疾病，也许能从根本上消除其危险性。然而，正如前述分析所示，我国的精神卫生机构发育迟缓，未形成成熟与稳定的精神卫生体系，更未跟刑事司法体系建立有效对接的联络网，现有的精神卫生结构及制度，难以接收与实现部分刑事责任能力精神病人的治疗。在这种社会医疗条件下，当前应对精神病人的策略只是针对精神病人犯罪行为的惩罚，而甚少针对精神病人本身疾病的治疗。自然而然，监狱就成为暂时规避精神病人的危险性并进而替代精神卫生机构治疗的处置场所，也是较为安全与稳定的执行场所。

对无刑事责任能力的精神病人而言，主要理由是：一方面，法院对精神病人的免刑艰难。在现有的非"以庭审为中心"的刑事司法构造下,法院对被告人的审判大多具有形式上的意义,很难具有实质审判的价值。在公、检都未曾提起鉴定的情形下,仅有被告方的鉴定申请,法院很难开启鉴定程序,即使被告人可能是真正的精神病人。另外,在庭前审查中,若法院阅卷及证据审查中发现疑点,且庭审时观察被告人的精神状态存在异常时,《刑事诉讼法》也无相关规定如何处理。法院主动建议检察机关退回补充侦查收集证据材料,并要求委托精神病鉴定的处理并不符合法律规定。在这种情形下,法院只能作出有罪或无罪判决。而对于重大恶性案件而言,法院作出有罪判决在所难免。这似乎基本上在法律程序内限定了法院无法给出无罪判决。另一方面,法院移送强制医疗变得艰难。正如上述分析,法院鲜少通过退回检察机关补充侦查收集证据,但在一些特殊场合,法院可能建议检察机关补充侦查,并委托精神病鉴定,检察机关再退回公安机关,最终由公安机关完成委托鉴定及证据收集工作。法院即使获得被告人是精神病人的鉴定意见与认定其不负刑事责任,如何判决也成为难题。无罪释放导致危害社会安全、关押监狱不符合法律规定、移送家属则无人接收。上述措施都无效的话,政府可予以强制医疗,但问题随之而来,究竟哪级政府可以强制医疗?如果政府不提供医疗服务怎么办?在这些问题没有落实前,法院作出不负刑事责任能力的判决丝毫没有实质意义。也就是说,在法律程序之外,法院会考虑精神病人的安置及可能带来的社会稳定问题,而这需要政府及社会机构为精神病人提供强制医疗的后续保障措施,才能支撑法院判决的执行力。基于上述论析,在法律程序内,法院不允许对精神病人作出无罪判决;在法律程序外,法院不愿作出无罪判决。结果就是无责任能力的精神病人在法律程序内外都缺乏接近治疗的可能性。

原因 2. 疑似精神病人的处置:处罚何以偏重?

根据《刑事诉讼法》及《1998 年解释》的规定,当法院对鉴定意见有疑问时,可以委托补充鉴定或重新鉴定。从立法的本意看,主要是强调法院的中立裁判者地位,在公、检决定委托鉴定之后才赋予法院委托鉴定的启动权。也就是说,在侦查与提起公诉环节没有提出委托鉴定的情况下,法院就不适宜提起初次鉴定。法院角色的定位主要是调查与核实鉴定意见,即法院对待鉴定申请是反应式的,而不能是主动式的,这也就解释了众多案件被告方在侦查、起诉阶段提出鉴定申请被驳回,在审判阶段却招致同样的处置结果的原因。既然鉴定在各诉讼环节都没有被启动,被告人的精神状态就容易被忽略,法院根据被告人的犯罪事实及相关证据给出类似死刑判决的严厉惩罚也就成为必然了。但问题是,在被告方提出一定证据证明被告人可能存在精神病时,法院却没有调查与核实,也没有给出留有余地的判决,法院缘何如此呢?除了法律本身没有规定法院具有初次鉴定权之外,笔者认为,以下因素会影响法院对疑似精神病人的处置实践。

首先,法院与公、检的协作关系。根据《中华人民共和国宪法》的规定,公、检、法在办案过程中,既互相配合,又相互制约。然而,在现实刑事诉讼运作中,是配合过度,制约不足。公安机关创造案件,检察机关加工案件,法院确认案件,流水线型司法要求公、检、法具有同质打击犯罪的目标,从重与高效地处置被告人是共同旨趣,结果是公安机关的权力过于集中与强大,检察院与法院监督职能弱化。在这种"以侦查为中心"的刑事诉讼模式下,法院将案件退回检察院或对起诉的案件作出无罪判决都属于非常态实践。具体到精神病人实施的刑事案件,法院在审查关于被告人精神状态的鉴定意见时就不可能作出完全否定的判断。前述分析已经表明,公安机关是委托鉴定的主要机构,被告人的刑事责任能力在审前阶段已经被确认,进入审判阶段的被告人多数是具有完全或部分刑事责任能力,法院大多是对审前阶段工作成果的加工与确认,造成的结果就是法院对公、检的鉴定意见采信率很高。在法院职权抑制的司法环境下,大部分案件无须鉴定,而倾向于采纳控方的鉴定意见,而疏远辩方的鉴定申请就成为常态。这种常态的处置模式是以牺牲被告方的辩护权为代价的,在具体处罚上,就不可避免地对疑似精神病人作从重处置。

其次,被害方及社会大众的影响。精神病人犯罪涉及杀伤多人的案件,对被害方情绪影响甚大。如果被害方知晓被告人因精神病而没有受到惩罚,这在情感与道德上无法接受。因为在被害方看来,被告人是在借助精神病逃避惩罚。尤其是一些民愤极大、社会反响强烈的案件更是如此。受制于舆论高压态势的影响,控辩双方可能都不会提出精神病鉴定。[①] 法院为让正义来得更快一些,庭审时宣判严厉的刑罚也许是获得裁判的正当性及权威性的有效路径。囿于被害方及其他民众的影响,法院裁判可能会缺乏应有的冷静与慎重,造成牺牲正当程序以换取实体公正的局面。

（4）法院对精神病人的处置方式:问题与讨论

在分析与考察法院对精神病人的处置态度与行为后,可以梳理出如下问题:法院处置精神病人出现的惩罚犯罪的倾向凸显出审判阶段对精神病人处置方式在制度与实践中的双重危机。这两种危机的形成与职权式的审判制度、量刑制度、鉴定制度及法官的执法观念有相当大的关系,同时也与当下法院在审理案件的过程中所面临的复杂社会环境有关。从后一点来看,法院在法律程序内与公、检的同质打击犯罪的价值取向及法律程序外受制于社会力量的羁绊,更有可能影响法院处置精神病人的态度及行为模式,尤其是在中国法院与法官没有独立的司法环境下影响更甚。因为在法院看来,关照或过度关照被告人的权益,将使自身处于不利境地。一方面,法院与公、检配合办案的模式将受到影响。比如,检察院不愿意退回补充侦查并委托精神病鉴定,法院径直判决可能受到上级法院的改判或退回,或搁置案件,从而影响审判之效率。两种方式必将使法院陷入左右为难的境地。另一方面,法院可能短期内丧失或降低司法公信力。比如,对于重大恶性案件,公众及被害方期待严惩的愿望甚高。如果被告人因精神病不受到惩罚或受到较轻的处罚,法院或法官的处理态度及行为不可避免地

---

① 譬如郑民生案,媒体报道侦查阶段委托精神病鉴定,但直到庭审结束,法院与控辩双方都未曾提及精神病鉴定结果。参见《福建南平恶性凶杀案庭审没有提及精神鉴定》,载 http://news.sohu.com/20100409/n271408269.shtml,2012 年 9 月 1 日访问。

会受到公众及被害方的质疑与指摘,各种徇私枉法及司法腐败的批判声音将大行其道,使得本来脆弱的司法公信力可能遭受更大的挑战。这是法院不希望发生的事件,也是难以承受的责任。

上述问题的产生,反映了法院对精神病人处置制度的不足及制度与实践的裂缝,改进制度与弥合裂缝需从法律程序内外进行构筑与修正。不过,对法院而言,除了上述问题之外,从保护精神病人的权益的正当程序角度检视,仍有值得进一步探讨的问题。

问题之一,实践中精神病人的审判与一般被告人的普通程序一致,审判成员主要是掌握法律知识的人员组成,对于大案、要案的审判也主要是遴选具有刑事审判经验及业务知识水平较高的人员担任审判成员。然而,精神病人的审理关涉案件事实及证据调查活动,尤其是关于精神病鉴定意见的审查与判断,如果无专业精神病学知识的专家参与审判活动,由一群无医学知识背景的法律人员来鉴别覆盖浓厚医学知识的鉴定意见,就难以避免不当裁断的形成。此外,传统控辩对抗的诉讼构造,对精神病人的精神状态易形成压迫与强制效应,增加精神病人的耻辱感,此种审讯环境不利于精神病人对公正审判程序的感知与理解。因此,从审判成员组成及诉讼构造考察,都不利于精神病人的权利在审判阶段的确立与关照。

问题之二,在量刑方面,法院对部分刑事责任能力的精神病人的处理与一般被告人不无差异,基本上是坚持罪刑相适应与法律面前人人平等的原则,一视同仁的量刑政策毫无区别地适应精神病人。尽管刑法规定可对精神病人从轻处罚,但在审判实践中诸多因素的渗透与交织,法院量刑并非完全从轻,反而一些案件还存在加重情况。这种无差别的量刑,虽能实现刑罚一般预防的作用,但对于精神病人并不能起到改造与矫治作用,难以实现刑罚个别预防的目的,不利于促进精神病人的复归。需要指出的是,上述量刑主要是针对重罪案件,对于轻罪案件如何处理,法院应区别对待与宽缓处置,重点需要考虑精神病人回归社会的可能性。

根据上文的考察,也许可以产生这样一种印象,实践中法院对精神病人的处置方式是惩罚犯罪有余,保障权益不足,这不仅在于法律制度本身的缺陷,也在于法律制度之外相关配套制度的缺失。有鉴于此,法律制度内外双管齐下的改革策略,应是法院对精神病人处置方式优化的方向。

4. 监狱

案件经过法院的正式宣判后,除死刑判决外,其他监禁刑的执行都指向监狱。在应然层面,在监狱服刑的精神病人既有服刑前鉴定为部分刑事责任能力的精神病人,也有服刑后始发精神病的人员(包括那些在侦、诉、审阶段未经鉴定的疑似精神病人,即服刑前可能罹患精神病的人员)。但是,精神病人的部分刑事责任能力与服刑能力不同,前者只是有可能削弱后者,并不必然替代后者。而且,对于监狱中的处置,刑事责任能力已不是重点关注的问题,服刑能力才是主要考虑的因素。因此,在移送监狱处置之前,有必要事先辨识精神病罪犯的服刑能力。关于精神病罪犯服刑能力的识别,主要体现在我国《精神疾病司法鉴定暂行规定》第9条的规定,即针对精神病罪犯服刑期间的精神状态开展相应的处置措施。精神病罪犯是否具有服刑能力,就成为能否在监狱执行刑罚的前提。《刑法》《刑事诉讼法》《监狱法》与《罪犯保外就医执行办法》等法律规范,虽没有明确服刑能力的概念及精神病人的具体处置方式,但可推定一些条款同样适用精神病人。概括而言,监狱中处理精神病人的方式主要包括:一方面,对有服刑能力的精神病罪犯移送监狱,施行常规的刑罚执行方式。譬如,根据《刑法》第38条至第41条、第72条至第77条、第81至第86条,《监狱法》第五章对罪犯教育改造的条文等规定,对监禁刑的精神病人强制进行劳动改造、教育与学习等,对监禁刑变更为管制、缓刑、假释的精神病人需遵守执行机关、考察机关或监督机关的各种监管规范。同时,在刑罚执行的变更上,根据《刑法》第78条、《监狱法》第29条等条文的规定,精神病罪犯确有悔改或立功表现的,可以减刑;根据《刑法》第81条的规定,精神病罪犯确有悔改表现,没有再犯罪的危险,可以假释。另一方面,对无服刑能力的精神病罪犯可保外就医。譬如,1996

年《刑事诉讼法》第 214 条规定,对被判处有期徒刑或者拘役的患有严重疾病的罪犯,可以申请保外就医并适用暂予监外执行,但对可能有社会危险性的罪犯不得适用保外就医。1994 年《监狱法》第 17 条规定,对处无期徒刑、有期徒刑的患有严重疾病的罪犯,需要保外就医,可暂不收监,但具有社会危险性的罪犯除外。《罪犯保外就医执行办法》第 2 条规定,对判处无期徒刑、有期徒刑或拘役的患有严重疾病、短期内存在生命危险的罪犯,可准予保外就医。《罪犯保外就医疾病伤残范围》将常发的各种精神病列入保外就医的范围。根据既有的立法规定,可以推断精神病人在监狱内可以申请保外就医,并可适用暂予监外执行的措施。但同时也反映出《刑事诉讼法》与《监狱法》等其他法规在精神病人处遇方式上的不一致性。比如《刑事诉讼法》规定,判处有期徒刑或者拘役的精神病人可保外就医,而《监狱法》规定无期徒刑的精神病人也可保外就医。因此有必要对两部法律调整一致。不过,按照法律位阶愈高,效力愈强的原则,理论上对精神病罪犯应按照《刑事诉讼法》的规定适用保外就医。上述立法主要反映无服刑能力且没有社会危险性的精神病罪犯可保外就医,有危险性的精神病罪犯依然留在监狱,但具体如何处置,立法语焉不详。

结合整个立法规范,可以梳理出对精神病罪犯的常态化的处遇方式,即对有服刑能力及无服刑能力且有社会危险性的精神病罪犯跟其他罪犯同等处置,如可适用缓刑、减刑、假释等;对无服刑能力无社会危险性的精神病罪犯可实行与一般罪犯差别处置的特殊方式,如可准予保外就医。实践中精神病罪犯的处遇状况如何,下文将继续探讨。

(1) 现象分析

在表 2-1 的 16 件案件中,除判处死刑立即执行与免予刑罚处罚外,4 件案件的精神病人(经过公安司法机关鉴定为完全或有部分刑事责任能力)被移送监狱执行刑罚。笔者可推断,移送监狱执行刑罚的精神病人应该没有经过服刑能力的鉴定,或者虽经过服刑能力的鉴定,也不可能将这些精神病人暂予监外执行。这些被判处死缓、无期徒刑的暴力性精神病人只能入监执行刑罚。但是,监狱会对看守所送来的有期徒刑、拘役的罪犯体检,如果是无服刑能力的精神病人,一般都不接收,而是退回看守所,由原判刑法院决定暂予监外执行。① 对经鉴定为有服刑能力的精神病人,监狱可收监执行,也可由家属提供担保或保证金,可以暂予监外执行。

结合一些学者的实证研究,罪犯罹患精神障碍的比例为10%左右②,但是服刑期间涉及服刑能力的鉴定比例却并不高。③ 经过监狱送鉴评定服刑能力的案例中,罪犯无服刑能力的比例相当高。④ 而且,服刑前有精神异常史,无服刑能力的比例更高。⑤ 对无服刑能力的具有社会危险性的精神病罪犯,一般留在监狱系统医院接受治疗。⑥

---

① 参见《患有精神病无服刑能力的罪犯该如何处理?》,载《人民检察》2004年第1期。

② 吕成荣等人对某监狱的服刑罪犯精神障碍患病率进行调查,结果表明10.93%的罪犯存在精神障碍。参见吕成荣等:《服刑罪犯精神障碍患病率调查》,载《临床精神医学杂志》2003年第4期。

③ 杜向东对324例司法精神病鉴定案例进行分析,其中涉及服刑能力鉴定的案例34例,占10.49%,参见杜向东:《34例服刑能力司法精神病鉴定分析》,载《四川精神卫生》2009年第2期;曹威对851例司法精神医学鉴定案例进行调查,其中涉及服刑能力鉴定的案例87例,占10.2%,参见曹威:《87例服刑能力司法精神医学鉴定分析》,载《临床精神医学杂志》2003年第5期,等等。

④ 陈致宇等人对88例服刑犯人的鉴定进行分析,研究显示无服刑能力76例,占86.36%,参见陈致宇等:《88例服刑犯人的司法精神医学鉴定的分析》,载《法医学杂志》2003年第4期;根据杜向东的调查,对涉及服刑能力鉴定的案例34例中有28例无服刑能力,占82.35%(符合保外就医),参见杜向东:《34例服刑能力司法精神病鉴定分析》,载《四川精神卫生》2009年第2期;陈强等人对215例服刑能力的案例进行调查,研究表明136例无服刑能力,占63.2%,参见陈强等:《司法精神医学服刑能力鉴定215例的资料分析》,载《四川精神卫生》2005年第2期;黄富颖等人对服刑能力鉴定的102例案例进行分析,结果表明87例无服刑能力,占85.29%,参见黄富颖等:《服刑能力司法精神鉴定研究》,载《法医学杂志》2000年第1期,等等。

⑤ 根据黄富颖等人的调查,在服刑前有精神异常史的29例案例中,无服刑能力就有28例,占96.55%。参见黄富颖等:《服刑能力司法精神鉴定研究》,载《法医学杂志》2000年第1期。

⑥ 根据《刑事诉讼法》的规定,监狱对无服刑能力有危险性的精神病罪犯,不能适用保外就医。除了可能危及生命安全外,一般只能在监狱系统医院进行治疗。全国监狱系统医院对精神病罪犯的治疗条件普遍不足,除了江苏省监狱系统有精神病专科医院外,其他省份都不具备这样的医疗条件。参见吕成荣等:《1002例服刑人员精神障碍鉴定资料分析》,载《上海精神医学》2009年第2期,第89页。另参见陈小林:《精神病罪犯管理研究——以江苏省监狱系统为例》,苏州大学2011年硕士本项研究,第16页。

根据上述简单描述与相关实证资料,可以推断出大致的结论:① 在移送监狱之前,对精神病罪犯启动服刑能力鉴定的情况罕见;② 在服刑期间,即使监狱安排对一些言行异常、不遵守监规的罪犯鉴定,送鉴的比例也不高。但在鉴定的案例中,无服刑能力鉴定的结果比例相当高。尤其是鉴定对象服刑前存在精神病史的情况下,无服刑能力的比例更高。③ 如此高的鉴定为无服刑能力的有社会危险性的精神病罪犯,保外就医的比例却不高。从这些结论可以看出,在监狱执行过程中,精神病罪犯被发现的概率较低,且即使鉴定为无服刑能力的精神病罪犯,其保外就医的可能性也不高。由于监狱系统医院医疗条件的缺乏,对精神病罪犯提供的治疗服务应十分有限。于是,问题随之产生,为何监狱没有较多地选择对罪犯进行服刑能力的鉴定?为何没有对精神病罪犯选择适当的治疗服务措施?围绕这些问题,下文将逐一探讨。

(2) 对原因的追寻

问题 1. 罪犯服刑能力的鉴定何以适用率低下?

根据有关资料,笔者认为,对罪犯精神状态关注的意识淡漠及鉴定后的处理制度缺陷影响监狱对罪犯服刑能力的委托鉴定。

首先,对罪犯精神状态的关注与辨识观念缺失。一般而言,刑事责任能力与服刑能力存在一定的相关性,即无刑事责任能力的罪犯应是无服刑能力,有刑事责任能力的罪犯应是有服刑能力。在这种观念的指引下,往往在公、检、法委托鉴定确定被告人刑事责任能力的情况下,自然也无必要再次确认其服刑能力。然而,刑事责任能力与服刑能力的相关性并非总是正向,有刑事责任能力的被鉴定人可能并不具有执行刑罚的能力。公、检、法对被鉴定人刑事责任能力的判定,并不必然代表其有无服刑能力。实践中,监狱系统大部分警察缺乏对精神病专业知识的了解①,不具备辨识精神病罪犯的能力,不会主动对罪犯的精神状态筛查与评估,整体上监狱并未对罪犯的精神状态给予足够的关注,即使关注也是罪犯服刑时间较长②,出现某些诸如"言行异常、不服从管教、违反监规、交际能力差"等因素③,而采取反应式的委托鉴定加以应对。可见,在监管人员干预危机意识不强与辨识精神疾病能力不高的情况下,罪犯的精神、健康等权益就难以受到充分关注,精神病罪犯的主动筛查工作因而也无法实施。

其次,监狱委托鉴定后的处理制度缺位。理论而言,在确定罪犯的服刑能力后,监狱才能采取妥当的处理方式,这将有助于罪犯的科学化与个别化的处遇。实践中,监狱委托鉴定后的结果多显示罪犯为无服刑能力。当罪犯为无服刑能力人时,监狱应有配套制度给予安置,包括两类:① 对精神病罪犯保外就医,准许暂予监外执行;② 继续留在监狱中执行刑罚,辅之以一定的药物治疗。然而,这种处置制度的,均不能防止监狱内外的危险性,比如,保外就医无法预防精神病罪犯在社会中的危险性,监狱治疗难以防范在监狱中对其他罪犯造成的危险性。另外,在委托鉴定后,监狱还面临暂予监外执行的繁琐审批程序及较为昂贵的鉴定费用。在这种耗时、耗力及耗财的不利情况下,出于理性经济人的动机,监狱不愿意启动服刑能力的鉴定,以防止自身陷于难以有效处置无服刑能力的尴尬境地。选择不启动服刑能力的鉴定,在一定程度上能暂时规避鉴定后带来的处置困境。

问题 2. 精神病罪犯的治疗何以适用率有限?

一旦罪犯是精神病人的身份被确认,监狱可对没有社会危险性的精神病罪犯保外就医,而对于存在社会危险性的罪犯继续收监。此做

---

① 根据陈小林对 2010 年江苏省 23 所监狱民警的调查发现,具有精神卫生专业的警察屈指可数。参见陈小林:《精神病罪犯管理研究——以江苏省监狱系统为例》,苏州大学 2011 年硕士本项研究,第 19 页。

② 在一些研究中表明,服刑时间平均超过两年半后,罪犯才被进行服刑能力的鉴定。参见黄富颖等:《服刑能力司法精神鉴定研究》,载《法医学杂志》2000 年第 1 期。

③ 参见吕成荣等:《1002 例服刑人员精神障碍鉴定资料分析》,载《上海精神医学》2009 年第 2 期,第 90 页。

法的优点是能够保卫社会,暂时规避精神病罪犯无法安置的困难,但缺陷是监狱给那些具有社会危险性的精神病人无法提供充分的治疗,使得个别化的矫正处遇无法正常实现,刑满释放后仍然给社会带来潜在不安全的因素。因此,监狱继续收押具有社会危险性的精神病罪犯,应能够提供治疗措施及提高治疗水平,这是实现维护社会公共安全与精神病罪犯治疗权之间的平衡所必需的配套制度。然而,在实践中,监狱对精神病罪犯实施治疗却十分有限。一方面,精神病罪犯危险性高,结构多呈暴力型、重型精神病等特征,很难保外就医。[①] 精神病罪犯即使顺利保外就医,但苦于保外就医后的监外执行无配套制度保障,如无监护人担保,精神病罪犯无拘束地游荡于社会之中;即使有家属监管,也多数是无钱医治。两种情形都会给社会公共安全带来威胁。于是,精神病罪犯被留置监狱可能才是减少威胁因素的稳妥而又安全的有效方法。另一方面,在不违反法律规定的情况下,监狱会将精神病罪犯尽量推向社会。在监狱封闭的环境中,精神病罪犯的危险性同样存在。精神病罪犯若无精神科医生持续且有效地提供医疗服务,病情加重现象将会变得突出,产生伤害自身甚至威胁其他罪犯安全的结果。过多的精神病罪犯的存在,易造成狱内安全事故及经济负担上升。对此,监狱采取从两方面减少收治精神病罪犯的数量:① 在入口上,严查看守所送来的罪犯的精神状况,对精神异常轻罪案件的罪犯,退回看守所[②];② 在服刑中,只要满足保外就医的条件,出于规避安全和经济责任的自利动机,尽力将精神病罪犯向社会转移。总体上,对监狱而言,囿于法律规定及家属抵制,对精神病罪犯不能保外就医。然而,监狱如果严格适用保外就医条件及程序,在某种程度上会使自己在防范安全事故及抛开经济负担上处于不利境地。但是,对精

---

① 参见陈小林:《精神病罪犯管理研究——以江苏省监狱系统为例》,苏州大学2011年硕士本项研究,第18页。
② 实践中,监狱拒收看守所移送的精神病人,使得罪犯在看守所滞留4年。参见《精神病人盗窃被判11年 监狱拒收滞留看守所4年》,载 http://news.sina.com.cn/s/2005-04-22/05235716918s.shtml,2012年9月1日访问。

神病罪犯而言,无论是适用保外就医,还是在监狱中安置,自身健康权与治疗权等权益显然都处于难以保障的状态。

(3)实践中监狱对精神病人的处置方式:评析与检讨

在理想处置模式下,对精神病罪犯的处置逻辑应分两步走,第一步,监狱需通过提供治疗措施,以促进精神病罪犯具备服刑能力;第二步,监狱通过惩罚、教育、改造等常规性手段,使罪犯接受对自身犯罪行为担当的处罚。通过先后顺序的两步处置,达到促进精神病罪犯顺利复归社会的目的。也就是说,处置模式首先是确认精神病罪犯具有知晓与理解服刑的能力,然后才是保障监狱处置工作的有效性。反之,监狱处置工作就不具备正当性。前述的分析表明,侦、诉、审阶段没有提供适当处置策略,本可使精神病人转移出刑事司法体系,但由于法律程序内外的影响,最终精神病人流向刑事司法体系的末端。因为也许在公安司法人员看来,在社会中精神卫生体系没有建立及完善的情况下,移送监狱也许是维护公共安全的最为可靠的与有效的场所。但对于监狱而言,作为精神病人处置末端的主要机构,应对不仅是继发性精神病罪犯,也包括服刑中原发性的精神病罪犯,负担沉重与境遇尴尬显而易见。综合前述研究,可以发现两个问题:一方面,在监狱内,监狱很少考虑对罪犯决定启动服刑能力的鉴定;即使罪犯鉴定为无服刑能力,考虑到精神病罪犯的危险性,监狱不愿作出保外就医的决定,而是通过内部的监狱医院消化。然而,对于精神病的治疗而言,监狱医院的人员、技术与设施条件显然无法满足治疗的需要。① 另一方面,在监狱外,监狱与家属难以就精神病罪犯共同实施保外就

---

① 学者通过对服刑能力鉴定的案例进行统计,认为罪犯罹患精神病的种类处于首位的是精神分裂症,且此种病人都无服刑能力,参见王亚辉等:《精神分裂症与司法精神病鉴定》,载《法医学杂志》2007年第1期。精神分裂症需要及时、规范及持续的治疗,然而,目前监狱医院存在医务人员临床经验的缺乏、技术设施的滞后、费用负担过重等问题,难以保障精神病罪犯的治疗需要,参见卢学龙:《监狱医疗风险的防范》,载《江苏卫生事业管理》2007年第3期,第53页。

医措施达成一致意见①,即家属不愿意承担医疗费与保证金而拒绝对精神病罪犯予以监护,直接委托监狱代为监管,而监狱也不愿意担负接受治疗的责任。② 与理想处置模式相比,监狱未能主动排查罪犯的精神状态与统计精神病罪犯的数量,对已经评估为无服刑能力的精神病罪犯也未提供有效治疗措施,既有处置实践在价值取向上偏向惩罚性,而疏于治疗,也对精神病罪犯的权益保障不足的现状。

上述现象之产生,主要源自于监狱处置所面临的法律程序内外的司法环境,同时也与监狱处置工作追求自身利益最大化有关。从保障精神病罪犯的权益出发,反思监狱处置工作的正当性,有以下问题值得探讨与改进。

探讨之一,服刑能力的评估不多,完全依赖于监狱警察的自觉、偶然及有限的观察与筛选,缺少一套常规的、稳定的与确定性的规则体系,使得监狱筛查精神病罪犯的工作固定化与常态化,也就很难避免监狱因保证自身工作的有效性的需要而主观武断审查与决定罪犯的精神状态问题。

探讨之二,保外就医适用范围较窄,仅适用于没有社会危险性的精神病罪犯,而对监狱中有社会危险性的精神病罪犯(既包括服刑前具有精神病,也包括服刑过程中始发精神病的情况)的处置具有一定的随意性、不确定性,这种不稳定性,将促使精神病罪犯与一般罪犯混同关押与同等对待,难以避免侵害精神病罪犯的健康权与治疗权及损害一般罪犯的权益。另外,保外就医的审批程序完全由监狱审查与决定,缺失中立的、专业的机构参与,易造成监狱因办案与管理需要恣意

---

① 当然,保外就医在实践中也存在其他问题,比如保外就医程序一直因监狱单方审查与决定的行政程序而备受指摘,有论者提出,将保外就医的批准程序改成司法程序,由中立的法院来裁决,监狱只作为保外就医的申请机关,参见杨涛:《"保外就医"亟待司法审查程序》,载《成都商报》2011年11月1日第6版。这里主要关注的是精神病罪犯的保外就医能否实现的问题,与一般罪犯身患疾病申请保外就医的程序虽有共性,但更是一个特殊问题。

② 参见《监狱要求对重病服刑犯保外就医遭家属拒绝》,载http://news.sina.com.cn/s/2010-08-08/013120849071.shtml,2012年9月1日访问。

为之,难以避免保外就医的利益交换与司法腐败,对真正需要救助与治疗的精神病罪犯的权益造成损害。

探讨之三,与上一问题相关,适用保外就医的精神病罪犯的减少,势必增大监狱为防范狱内安全事故之风险,而减少此种风险之根本手段是对精神病罪犯提供治疗与康复服务。然而,监狱系统医院人员、技术、设施、经费等条件的匮乏①,无法满足日益增长的狱内精神病罪犯的医疗需要。在此种情况下,精神病罪犯的健康权及其他权益就容易受到忽视。

根据前文的分析,也许可以形成这样一种观点,实践中监狱处置精神病人的方式在监狱内外均遭受困境,监狱的功利动机、家属监护不力与法律程序的设计产生较大的背离,这种多种因素交织且出现悖论的怪现象,对保障精神病罪犯的权益不利。监狱总体处置效果偏向惩罚,而缺乏积极治疗意向,未来应从实现惩罚与治疗之间的平衡及修正程序正当性的角度进行改革。

(三) 医疗处遇的整体状况

理论上而言,在刑事司法程序中,通过鉴定为精神病的被追诉人将面临医疗处遇。此种精神病人既包括存在精神疾病,具有完全或部分刑事责任能力的人,也包括无刑事责任能力的人。对无刑事责任能力的行为人而言,应从刑事司法体系中剥离,而移送精神卫生机构治疗。换言之,以医疗处遇为中心的措施是对无刑事责任能力行为人的主要处置方式。对虽有精神疾病,但具有完全或部分刑事责任能力的行为人而言,应是刑事司法体系与精神卫生医疗体系协作共同处置,即以司法处遇与医疗处遇为主要处置方式。其中,医疗处遇往往成为司法处遇的延续与补充。

---

① 在我国监狱中,罪犯医疗费用占监狱年财政预算的比例相当低,而且实际医疗费用超支现象十分严重。参见沈松涛:《监狱医疗费用改革研究——以杭州市某监狱为例》,中国社会科学院2010年硕士本项研究,第15—18页。

关于犯罪后精神病人的医疗处遇,我国立法规定不多,已有法律规范主要见诸《刑法》第18条、《人民警察法》第14条与六省市的精神卫生条例等。根据既有的法律规范,我国对犯罪后的精神病人的医疗处遇主要表现为强制医疗制度,具体内容包括:① 强制医疗的性质模糊。立法既没有明确保安性质,即强制医疗以保护民众安全,消除精神病人可能继续产生的危险性目的为要件,也没有肯定医疗性质,即强制医疗以改善精神病,促进精神病人回归社会的目的为要件。② 界定了强制医疗的适用范围,即仅针对无刑事责任能力的精神病人。③ 强制医疗主要由公安机关单方以行政方式决定。精神病人的住院与出院必须由公安机关审查与执行。另外,根据国务院办公厅2004年颁布的《关于进一步加强精神卫生工作指导意见》,公安机关的安康医院负责严重肇事肇祸精神病人的强制医疗工作,司法部的监管场所负责精神病罪犯的治疗与康复工作。这在一定程度上确认了犯罪后的精神病人强制医疗可由安康医院与监狱系统医院等场所执行。

以上是我国对精神病人医疗处遇的现有立法的大致状况,可以预见的是,立法薄弱,实践可能任意。在理论研究方面,强制医疗程序得到一定程度上的关注,但更多停留在制度层面,而对其实践运行并无细致考察。有鉴于此,笔者拟对精神病人的医疗处遇实践作一梳理和刻画,以此粗浅描绘医疗处遇实践的样貌。

1. 现象及特征

在16件案件中,公安机关将2例案件中无刑事责任能力的精神病人移送精神病院强制医疗,对1例案件中无刑事责任能力的精神病人移交家属看管。大多数有部分刑事责任能力的精神病人在看守所与监狱中羁押,没有接受服刑能力的鉴定,仅1名(王逸)精神病人因免予处罚而移送家属监护。可见,有部分刑事责任能力的精神病人都没有获得个别化的医疗服务。而且,监狱对精神病人的保外就医较为艰难,但监狱医院的医疗条件却不能满足精神病人的治疗需要。基于上述简单的现象描述,可以大致推断出实践中的医疗处遇有以下方面的特征:

（1）无刑事责任能力的精神病人处置分为两大块,一部分接受家属管护,另一部分接受强制医疗。前者依赖社会力量的自觉,后者仰赖国家权力的干预。医疗处遇是以社会力量与国家权力并存的发展模式。但是,从治疗效果上而言,后者优于前者。

（2）对无刑事责任能力的强制医疗程序是公安机关以行政方式决定与执行,未经中立的审判机关审查与决定。这意味着无刑事责任能力的精神病人一经行政权力的干预,任何司法机关权力再也不能介入,救济与监督渠道就此终止。另外,部分刑事责任能力精神病人要么处于家属的监管之下,要么处于监狱的看护之下,都没有获得充分的治疗。强制医疗的执行场所主要是各地区的精神病院及监狱医院。

（3）公安司法机关对精神病人的医疗处遇措施主要适用强制医疗,适用对象主要是无刑事责任能力的精神病人,并没有根据精神病人的身体状况及涉及案件的性质设计不同层次的医疗处遇。

由上可知,精神病人的医疗处遇较为混乱,无稳定的、持续的制度化的运作程序。无刑事责任能力人的处置呈现不确定性,家属监管与政府管制并行,即使付诸强制医疗措施,也是公安机关单方决定与执行,体现了维护公共安全的目的,缺乏司法化运作,不可避免地会对精神病人权益产生侵害。部分刑事责任能力人的处遇基本上是以无治疗性质的司法处遇为主,医疗处遇的治疗性质与司法处遇的惩罚性质在此发生断裂。实践中的处遇方式均可能对精神病人权益的空间形成挤压与限缩。严格地讲,犯罪后的精神病人是一种病人。针对这样的病人,我国法律编织的刑事司法网对精神病人的处置是有限的,尤其在应对无刑事责任能力人上显得无效。对犯罪后精神病人的处置而言,以医疗处遇为中心的措施显得尤为必要。然而,实际情况是:部分刑事责任能力人的处遇缺失治疗作用(仅有惩罚意义),法律规定的医疗措施——强制医疗主要是针对无刑事责任能力人,而无刑事责任能力人的处遇又缺乏治疗性质。问题由此产生,精神病人的医疗处遇为何缺乏治疗价值?除了强制医疗以外的其他医疗处遇方式何以受阻?围绕这些问题,下文将逐一阐述。

2. 原因解释

原因 1. 精神病人的医疗处遇为何缺乏治疗功能？

在理想状况下，无刑事责任能力的精神病人一经刑事司法体系否定，选择接近精神卫生体系就是恰当的。有部分刑事责任能力的精神病人具有两面性，其处遇就涉及刑事司法体系与精神卫生体系的连接与互动，即由刑事司法体系转移进入精神卫生体系，也有可能从精神卫生体系再次进入刑事司法体系。于是，部分刑事责任能力人的处遇就涉及惩罚＋治疗的并行路径。实践中的运行结果表明，对无刑事责任能力人而言，其家属无监护及提供有效治疗的能力，传统困兽式的限制模式及现代放任不顾的模式是常态。精神病人即使受到强制医疗，但强制医疗的费用谁来持续供给？① 病情康复或无须强制医疗后，谁来接送出院？② 两方面都可能造成无刑事责任能力人治疗不足。

对部分刑事责任能力人而言，从主观上讲，在着重打击犯罪的观念下，公安司法人员的法眼更容易凝视有罪的一面，而无视有病的一面。同时，制度化与可操作化的方案应对缺乏，使得公安司法人员自由裁量权过于宽泛。从客观上看，尽管国家重视精神病人的医疗工作，但只停留在文本及形式上的宣教，无实质增加监管场所医疗人员与财政拨款的举措，导致现有医疗处遇条件难以满足现实需求。在观念滞后及医疗条件不足的情况下，对部分刑事责任的精神病人甚少提供治疗服务，就成为公安司法机关受制于现实条件的必然选择。

原因 2. 精神病人的医疗处遇类型何以单一化？

原则上，针对精神病人的医疗处遇，应是根据不同的精神状态及

---

① 强制医疗的费用由谁支付？目前法律并没有明确规定，实践中较为混乱，有些是由政府垫支，有些是由家属埋单。但是，在许多精神病人肇事肇祸的案件中，精神病人的法定监护人无经济能力及无力监护的情形居多，致使很多精神病人被遗弃在家中或社会。为防止这些被遗弃的精神病人给社会造成新的危害，一些省份已经开始探索对重型精神病人强制免费治疗。参见张苏民：《重性精神病人可申请免费治疗》，载《海南日报》2007 年 10 月 13 日第 2 版。

② 参见徐涛：《病人"只进不出"，精神病院成"养老院"》，载《南京日报》2011 年 4 月 11 日第 A06 版。

犯罪的严重程度施以不同的医疗处遇模式。医疗处遇的类型愈丰富,精神病人的治疗愈有效,医疗处遇之正当性愈强。因为医疗处遇可能关涉侵害精神病人自由、财产等权益,在实施过程中,应将医疗处遇干预精神病人权益的程度限制在较小的范围之内,也就是说,医疗处遇强制程度应与其达到的目的需合乎一定的比例限制。通过精神病人的医疗处遇实践发现,强制医疗为主要的医疗处遇类型,医疗处遇类型呈现单一化的特征。究其原因,这是由刑事司法体系与精神卫生体系两方面造成的。从刑事司法体系而言,《刑法》第 18 条规定仅认可强制医疗是对无刑事责任能力人的处置方式,没有确认其他医疗处遇方式,这是造成精神病人医疗处遇类型单一化的直接原因。从精神卫生体系而言,目前我国对精神病人的治疗与安置机构涣散而不成系统,比如,既有公安司法机关的内部医院如安康医院、监狱医院,也有社会中的医院如精神病医院、综合性医院、社区医院等。这些医疗资源的性质及功能定位不明确,国家缺乏对它们的有效整合与无缝对接。这是造成精神病人医疗处遇类型单一化的间接原因。在刑事司法体系立法薄弱、精神卫生体系医疗机构发展稚嫩及两大体系又无协作的情况下,精神病人的医疗处遇的多元化难以形成。

3. 小结与探讨

根据前述讨论,可揭示出以下两个问题:整体而言,精神病人的医疗处遇效果不彰,无刑事责任能力人的治疗呈现有限与随意的特征,部分刑事责任能力人的治疗缺失。具体而论,精神病人的医疗处遇类型呈现单一化特征,主要是仅对无刑事责任能力人适用强制医疗。两个问题的存在,跟刑事司法体系与精神卫生体系各自的制度存在缺陷且二者相互分立密切相关。显然,现有的医疗处遇实践对精神病人权益关照不足。从保护精神病人权益的角度,使得医疗处遇更具正当性,需要从整体与局部两个方面进一步探讨。

从整体切入,犯罪后精神病人的身份具有两面性,尽管刑事司法体系解决正常人的惩罚问题,但对精神不正常的人惩罚不具有特别预防的效果,虽然精神卫生体系能解决病人的治疗问题,但对精神正常时的精神病人惩罚无能为力。因此,两大体系单方对精神病人惩罚或治疗,均非正当与有效。既然对精神病人的处遇均非刑事司法体系或精神卫生体系单方承担之事业,两大体系致力于构筑协作制度,则可能对精神病人的处遇发挥积极作用。

　　从具体展开,强制医疗制度运行的优劣将决定医疗处遇之效果。根据实践运行状况,医疗处遇适用效果不佳,强制医疗的运行值得反思:

　　反思之一,在适用对象方面,强制医疗主要适用于无刑事责任能力的精神病人,且这类精神病人实施了杀人、伤害等暴力性案件,社会危险性较大。对这些精神病人不予管制,将对民众、社会安全带来不确定性的危险。从这个角度而言,支撑强制医疗正当性的依据应是为防范精神病人继续危害社会的可能性,于是,强制医疗就具有保安性质。同时,对管制的精神病人安排一定的治疗,改善其病情,以促进其康复与回归社会的目的。在此,强制医疗又具有治疗性质。可见,强制医疗是结合保安与治疗两种性质的医疗处遇。但由于治疗条件的限制及执行机构管理并非科学①,强制医疗体现的治疗效果并不理想。因此,整体而言,强制医疗更多偏向保安性质。既然保安性质为强制医疗的首要价值,部分刑事责任能力及无服刑能力的精神病人也可能产生较大的危险性,也应该是强制医疗的收治对象。然而,保安性质的强制医疗的适用范围并未包含这些对象,而且治疗功能软化的强制医疗将对无刑事责任能力的精神病人的权益不可避免会产生不当损害。已有立法将强制医疗定位于具有保安性质的处分,适用对象为无刑事责任能力人,而未强调医学性质,这将难以排除保安性质带来的侵犯人权的弊害。同时,适用范围小,也将不利于社会防卫的需要。

　　反思之二,在程序运行方面,根据已有资料,强制医疗程序的运行完全由公安机关内部决定与执行。在侦查阶段,公安机关自行委托鉴

---

① 强制医疗机构如安康医院对待精神病人是参照《看守所条例》进行监护与管理。参见陈洁娜:《是精神病院还是看守所?》,载《南方日报》2004年4月28日第C01版。

定与决定适用强制医疗。在起诉与审判阶段,检、法也很少委托鉴定,而是建议公安机关委托鉴定,并对鉴定为无刑事责任能力人建议公安机关适用强制医疗。无论是鉴定,还是强制医疗,检、法毫无保留地让渡与赋予公安机关以绝对的权力,公安机关基本上不受制约地享有对精神病人强制医疗的申请权、决定权与执行权。这种宽泛的行政化的处置程序造成正常人容易被强制医疗或精神病人难以适用强制医疗。为制止强制医疗实践的混乱与保护精神病人及正常人的权益,新《刑事诉讼法》明确了强制医疗的司法化程序,检、法被赋予强制医疗的申请权与决定权。但是,鉴定为强制医疗的前置程序,绝大多数案件的精神病鉴定是由公安机关执行,公安机关原则上具有筛选精神病人是否需要强制医疗的优先权。若公安机关认为对符合强制医疗条件,却作移送家属监管或其他处理,检、法如何监督呢?或者若公安机关认为无须强制医疗,精神病人后续的处置又如何落实呢?鉴定及随后的处置措施的完善,将直接影响强制医疗的司法化操作的顺利展开。如果公安机关委托鉴定不受到规制,自然而然,精神病人的权益就会失去保障前提。

反思之三,在执行场所方面,强制医疗程序执行机构主要是精神病院与监狱医院,而安康医院并非如立法所规定的为收治肇事肇祸的精神病人的主要场所。究其原因,一方面,可能与收集的案例有限,而没有涉及移送安康医院治疗的案件①;另一方面,可能确实反映了安康医院数目不多,且主要集中在省会城市,各地市的建立与布局较少,而许多案件发生在地市级以下县、村等地,公安机关将本地精神病人移送安康医院路途遥远且成本较高,关键还存在高昂医疗费用的平摊问题。在多种条件限制的情况之下,选择就近的精神病院强制医疗更方便、更经济。对监狱医院而言,无服刑能力的有危险性的精神病人移送社会中的精神病院强制医疗于法无据,完全在监狱中服刑无法顺利

---

① 有统计显示,全国安康医院"1998—2010 年共收治 4 万人次"。参见陈卫东、程雷:《司法精神病鉴定基本问题研究》,载《法学研究》2012 年第 1 期,第 175 页。

实现，而且可能易发生狱内安全事故。于是，选择移送监狱系统的医院是兼顾安全与法律的两全其美之策。但是，目前来看，无论是精神病院与监狱医院，还是安康医院，医疗资源匮乏，管理欠科学，治疗非专业化，是当下强制医疗机构的主要特征。在现有的条件下，精神病人的权益能够妥当保护就变得困难重重。

综上，精神病人的医疗处遇无论是在保护公众安全还是精神病人权益的价值取向上都陷入了困境，已有实践表明，医疗处遇整体效果不彰，惩罚与治疗呈现分立化。个中原因是：整体而言，主要是刑事司法体系及精神卫生体系的协作共治精神病人的结构还未形成，对犯罪后的精神病人的处置，二者都是被动式或反应式的处置，而非主动干预。具体而论，医疗处遇措施混同且无层次，属于常态处置的强制医疗自身又存在诸多缺陷，需要优化与升级。实践中问题之描述与析出，可作为医疗处遇改革之重要基础，但尚需从保护精神病人权益的宪法角度加以完善。

（四）小结与讨论：精神病人处遇的实践解读与未来改进方向

通过从司法处遇与医疗处遇两个维度探讨中国精神病人处遇的实践形态，可大致勾勒出如下轮廓：① 在处遇理念上，过于强调惩罚，而疏于治疗，且惩罚与治疗相互分立；② 在处遇对象上，主要根据过去发生的犯罪行为或犯罪事实展开相应的处置，对被指控者的精神状态及其他个体因素关注不够；③ 在处遇程序上，主要围绕刑事责任能力运行诉讼程序，刑事程序呈现单一化的样态。④ 在整个处置过程中，国家权力运用广泛而深入，而被追诉人配置的权利弱小而无力，基本上处于被支配的地位。

如果图像轮廓得以确认的话，中国精神病人处遇实践对于精神病人权益的保障意义就十分有限。形成此种实践状况的原因，不仅在于刑事司法制度本身的孱弱，也在于刑事司法制度之外社会系统建设之不足，更在于法律制度内外对精神病人处遇的协作体系没有建立。具体而言，主要立基于以下原因：

1. 刑事诉讼制度本身的缺陷

对精神病人的处遇，《刑事诉讼法》《1998 年解释》《1999 年规则》及《1998 年决定》等法律规范没有作出明确与细致的程序规定，对诸如公安司法机关在各诉讼环节的处理权力并无规则制约。立法薄弱，实践自然充满不确定性。另一方面，即使对精神病人的处置诸如鉴定、强制医疗等制度存在规定，但这些规定的具体制度本身存在缺陷，无法应对实践需要，导致实践效果不佳。具体而言，主要存在以下问题：

（1）精神病鉴定制度的不足

实践运行反映的突出问题包括鉴定的启动、鉴定意见的采信、鉴定的内容及鉴定期间等内容。在鉴定的启动上，由于立法没有约束启动条件及对鉴定的地位与性质界分不明，造成鉴定启动任意化与非对抗化。对于公安司法机关而言，往往可借助主观判断单方决定是否委托鉴定，而对被追诉方提供的有关被追诉人精神异常的证据关注甚少。鉴定只是依附于各诉讼阶段查明专门问题的调查工具，而不是赋予被追诉方保护被指控者权利的有效手段。另外，值得注意的是，对被追诉人可能判处死刑的案件，被追诉方在各诉讼阶段提起鉴定申请次数频繁，而且公安司法机关对鉴定为无刑事责任能力作出释放与强制医疗的处理占有相当大的比重。这可能跟我国立法在精神病鉴定方面的入口与出口缺乏限制渠道有很大的关联。因为一旦鉴定申请获得通过，被指控者被鉴定为无刑事责任能力的几率较高，最终可获得逃避惩罚与保留性命的效益。为此，我国公安、司法机关也在严格控制鉴定的发动，对于精神异常状况较为明显的情况才考虑启动鉴定，以防止某些被追诉人借精神病鉴定逃避处罚。但是，严格限制启动鉴定势必对本身是精神病的被指控者的权益空间造成挤压。因此，有必要以制度化的方式控制鉴定与鉴定后对精神病人的处理。该制度应符合正当程序的要求，既达到公安、司法机关主动保卫社会的目的，又可保护精神病人的利益。

在鉴定意见的采信上，鉴定意见的科学性与公安司法机关采信的不受制约性问题值得探究。鉴定意见仅是一种言辞证据,是辅助办案人员分析犯罪嫌疑人精神状况的工具。从刑法规定来看,鉴定人只能就犯罪嫌疑人作案时是否具有辨认或控制能力进行解释与说明,而无法直接涉足公安、司法人员关于法律领域刑事责任能力的裁断。而且,鉴定意见本身并非完全科学与可靠,需要相关证据印证。但实践表明,鉴定机构撰写的鉴定意见既涉及医学判断,又关注法律评价,而且,公安、司法机关对鉴定意见的采信率很高。公安、司法机关直接单方决定采信及相应的后续处置方式,将难以避免鉴定滥用及司法腐败。① 因此,鉴定意见的采信有必要建立合理的制度加以规范。

从刑事案件精神病鉴定内容来看,几乎以刑事责任能力为主,关于诉讼能力及服刑能力的鉴定十分罕见。这种情形的出现,跟我国《刑法》第18条的规定密切相关。因为一旦被追诉人鉴定为无责任能力,被鉴定人即可离开刑事司法程序,采取非司法方式处理。我国的非司法处理方式主要是强制医疗,而且多数强制医疗的期限较短,待病情稳定后,公安司法机关会责令家属严加看管与医疗。显然,刑事责任能力的鉴定及随后的处置对被追诉人的惩罚或限制强度较小。另外,在传统观念中,责任能力是诉讼能力及服刑能力的前提,无责任能力即无须对后者评估。这在一定程度上是正确的,但问题是在有些案件的诉讼过程中,被追诉人犯罪时虽无精神病,但可能出现无诉讼能力或服刑能力的情况,这就需对被追诉人的诉讼能力或服刑能力展开鉴定。

在鉴定期间上,公安、司法机关的做法差异较大,存在因办案需要而任意决定鉴定期间长短的问题。理由主要在于:一方面,我国立法对精神病鉴定的时间规定缺失。法律仅规定精神病的鉴定期间不计

---

① 湖北省松滋市对杨义勇因虚假精神病鉴定而逃避惩罚的处理,反映出精神病鉴定管理混乱,鉴定意见具有被滥用的风险。参见刘海明:《精神病鉴定证明缘何成了"杀人执照"?》,载《检察日报》2002年7月3日。类似案例参见洪戈、王方杰:《杀人罪犯一夜间成了精神病人——一桩鼠与猫的交易》,载 http://www.chinanews.com/2000-3-2/26/19930.html,2012年9月1日访问。

入办案期限,而对被追诉人精神病的鉴定时间并未明确规范。另一方面,精神病鉴定作为公安、司法机关查明事实的手段,启动与运作不受其他机关与个人的干涉。尽管被追诉方对精神病鉴定时间存在质疑,但立法并未提供救济渠道,使得公安、司法机关的权力不受限制。两个方面都可导致被指控人的自由权及其他权益遭受不当损害。

(2) 鉴定后处置制度的缺失

移送医院强制医疗、看守所拘押、监狱服刑、无罪释放是鉴定后主要的处置方式。对无刑事责任能力人而言,无罪释放与移送医院治疗是主要的处置方式,其中,无罪释放占有一定的比例。公安司法机关虽然对无刑事责任能力人移送医院强制医疗,但由于治疗费用昂贵、家属监护不力与强制医疗机构执业条件不高等原因,治疗并非科学、合理、有效,导致强制医疗保安性质显著,而医疗意义不足。对部分刑事责任能力人而言,移送看守所拘押与监狱服刑是主要的处置方式。看守所与监狱尽管对部分刑事责任能力人提供了一定的治疗,但医疗人员、经费的缺乏及治疗场所的非专业性,导致治疗效果不彰。更重要的是,看守所与监狱对待精神病人要么严格把握入口关,尽量不收治精神病人,要么积极寻找出口,力争排斥精神病人。这造成的结果是精神病人无人(单位)接收,治疗无法实现。

2. 社会治理制度发育不良

经过刑事司法体系的过滤,精神病人进入社会治理构架中。在脱离刑事司法程序后,无论是无责任能力人还是部分责任能力者,身份已由罪犯转向病人,应纳入社会医疗保障的范畴,并根据病情及危险程度设计差别有序的治疗方案。在2012年之前,由于我国没有《精神卫生法》,关于精神病人的认定与收治显得随意,关于精神病人权益的救济管道欠缺,犯罪后的精神病人同样如此。2012年《精神卫生法》的颁布,明确了精神病人的自愿住院治疗权及对不同类型的精神病患者采取的差别认定与收治程序,这无疑对精神病人的权益保护具有重要意义。然而,精神卫生法对犯罪后的精神病人的规定仍然显得粗疏,仅是规定了应当对此类精神病人提供治疗,如何治疗不甚明了。

更重要的是,对刑事司法体系与精神卫生体系的操作程序如何衔接,精神卫生机构之间如何应对与协作等缺乏细致规范。在这种刑事司法体系与精神卫生体系的关系互补性不够及精神卫生体系本身综合性优势欠缺的情况下,犯罪后精神病人的社会治理水平低下,无法获得专业及有效的治疗也就不足为奇了。

除此之外,需要从根源上反思我国社会制度与运作规则。健康的人何以成为精神病人?是因精神病而犯罪还是因不满、绝望而报复、仇恨社会?处于弱势、边缘或濒临绝望的群体何以通过暴力解决问题?对这些问题的回答,需要检视我国的社会保障与救助机制。政府与社会对边缘人的冷漠、分配机制的不合理、社会地位的不平等、社会失范效应的传播等原因,对制造如今的精神病人、对精神病人的行为失控甚至暴力犯罪起了重要作用。这些因素均是未来社会深层治理需要考虑的问题。唯有此,才能从根本上舒解或改善社会中承受苦难与歧视,关照贫困的弱势群体人的心灵与境遇。

3. 社会认同感不强

社会认同感本是社会成员对于某事件或问题的一种共同认知与评价。在这里,主要反映公安、司法机关及政治力量、社会力量对犯罪后精神病人处置的观念及态度。

(1) 公安、司法机关对精神病人处置的观念

在公安、司法机关的观念中,对被追诉人的处置是根据案件性质决定随后的处置方式,对被追诉人的精神状态可能出于某种原因而有意或无意忽略了。其中,公安、司法机关有意忽略的是自身长期弥漫的"重打击、轻保护"的根深蒂固的刑事诉讼理念,打击犯罪是治理的终极目标。同时,通常一些敏感性高、波及面广的案件,政治力量、社会力量的介入与干扰将升级打击犯罪的烈度。尤其在政治力量、社会力量等因素干预强度巨大的场合,公安、司法机关的处置程序及结果会有意倾向地方党委、政府及社会大众的意见,原有封闭性与防御性的处置程序会被打破,处置结果将更具开放性与接纳性,尽管可能并非合法,也非正当。公安、司法机关无意忽略的是,自身并未形成针对

犯罪后精神病人群体的常态及稳定的处置理念与模式,既未能充分接近、知晓及掌握精神病学知识,也不具备辨识精神病的实践能力,往往采取"兵来将挡、水来土掩"的应急式或反应式处理姿态,处理结果不可避免会产生既消耗司法成本,又对精神病人权益保护不周的弊害。

(2) 政治组织与社会力量对精神病人处置的观念

精神病人涉及的暴力案件,往往引起多人伤亡,地方党委与政府及民众与被害人及其家属都十分关注。如果公安、司法机关处理不当,容易引起难以预料的社会冲突与执法危机。可以说,政治组织与社会力量都是公安、司法机关处置犯罪后精神病人程序之外的因素,但影响方式不一。

首先,政治组织的牵制。并非所有的案件都会受到政治组织的干预与指示。根据上述案件的调查,关涉地方稳定、敏感性、民怨激烈的案件可能受到政治组织的直接影响。这种具体影响主要表现为政法委牵头指导公安、司法机关办案,对是否启动初次鉴定或重新鉴定以及鉴定后是否采纳或采纳何种鉴定意见都会提供具有倾向性的指导意见,倘若指导意见偏向不启动鉴定或采纳被鉴定人具有刑事责任能力的鉴定意见,公安、司法机关一般都会按照正常程序处理。① 而且,当维稳作为各级党委与政府的重要治理目标时,作为非独立的司法机关的办案态度与行为也在一定程度上虽可能不是直接和明显地迎合,但至少不是背离地方党委与政府的意志。在这种地方党委与政府极端重视维稳的背景下,司法机关启动鉴定而作出不起诉或无罪判决的情形就甚少发生了。

其次,社会力量的胁迫。这包含两个方面的含义:一是当事人以外的民众意见的压力。随着信息化技术的推进,人们通过网络关注案件与发表言论的热情日渐高涨,尤其是重大恶性案件,容易在网络平

---

① 在王逸泼硫酸故意伤害案中,为确定王逸的刑事责任能力,当地政法委召集公、检、法机关召开联席会议,研究三次精神病鉴定的采信问题,统一认识,消除分歧。参见《特稿:南通"5.28"亲姐妹硫酸毁容案纪实》,载 http://news.sina.com.cn/china/2000-06-30/102761.html,2012 年 9 月 1 日访问。

台形成非自觉的强大舆论场。在这种形势面前,公安、司法机关甚少冒天下之大不韪采取与民众意见相左的举动。而且,在一些办案人员看来,启动精神病鉴定,意味着将提供给被指控者逃避惩罚的机会,容易成为口诛笔伐的对象,最终难以安抚民众及被害人的情绪而被称为打击犯罪无能或不力的罪魁祸首。二是被害方的压力。遭受犯罪行为侵害的被害人或家属对加害人本身怀有对立情绪,在他们朴素的平等与正义观念的支撑下,严惩嫌疑人是他们最直接与明显的愿望。如果被追诉人因精神病不受逮捕、起诉或审判,这显然从道德与情理上令被害方难以接受。为希冀获得理想的处置结果,被害方常常通过抗议、上访等方式声讨公安、司法机关对案件处理的不公正,以扩大案件的影响力来引起社会各界的同情与支持。在此种压力下,公安、司法机关一般着眼于关注案件事实及证据是否成为继续侦查、提起公诉与定罪判决的条件,而对案件事实与证据之外的有关被追诉人刑事责任能力的判定则不是重点考量的内容。

  由此可见,公安、司法机关对被追诉人的处置是受到政治组织与社会力量的双重影响,差别在于二者追求的价值不同,前者主要关注案件的处理是否影响地方稳定,是否会激发民怨进而引发不良的连锁事件,维稳是政治组织的第一要务。后者以自身的道德情感评判被指控者是否得到严惩,是否符合他们基于朴素的法律道德制裁观对执法结果的期待,维权是社会力量优先顺位的选择。当然,民众维权与政府维稳是互动关系,民众维权可能引发政府反应式的维稳,政府维稳如果不当侵害民众的基本权利,又会激发民众新一轮的维权运动。因此,"维权是维稳的前提与基础,维权的过程就是维稳的过程"。① 在政治组织与社会力量双重力量的挤压下,在启动与不启动鉴定及惩罚与治疗的诉讼程序之间权衡,公安、司法机关最终选择政治组织与社会力量也包括自身希望的多方利益兼顾的处置方式。

---

  ① 于建嵘:《当前压力维稳的困境与出路——再论中国社会的刚性稳定》,载《探索与争鸣》2012年第9期,第6页。

总体而言,刑事诉讼制度的缺陷、社会治理制度的稚嫩及社会认同感的缺失等问题,造成了公安、司法机关对精神病人的处置实践参差不齐。在价值取向上,中国精神病人的刑事司法处遇机制惩罚性质大于治疗意义,打击犯罪有效,保障人权有限。未来改革应调整与整合惩罚与治疗的理念,兼顾打击犯罪与保障人权的双重价值,凝聚刑事司法与精神卫生两大体系的资源,协同创新精神病人的处遇制度,最终打造刑事司法机关的执法应对、精神卫生应对、精神卫生机构独立的精神卫生应对网络。

第三章　中国精神病人刑事司法处遇机制的建设构想

中国精神病人刑事司法处遇机制立法上的缺陷,导致实践中运行问题丛生,这需要我们进一步思考如何完善精神病人刑事司法处遇机制,以有效兼顾精神病人权益与社会防卫两个重要的价值目标。本章在分析该机制建设的必要性与可行性的基础上,从理念、路径及制度三个角度提出了具体的改革建议。

一、建设的必要性与可行性

(一) 必要性

评价某一制度的建设必要性,可从一国制度本身及其运行效果及他国制度两方面考量。前者反映一国制度运行存在的问题,后者提供了一定的借鉴与启示。评价现有中国精神病人刑事司法处遇机制,主要着眼于精神病人权益保护与社会防卫两个维度上所面临的困境。理论而言,完美的精神病人刑事司法处遇机制应既符合保障精神病人权利的需要,又能实现社会防卫的目的。

1. 符合保障精神病人权利的需要

对精神病人实施的刑事案件的处理一直是一个热议话题,这主要与精神病犯罪者既是罪犯又是精神病人的双重身份相关。对此,世界范围内对究竟运用惩罚还是治疗模式也是纠缠不清,这与报应刑理论与恢复性理论宣扬的刑罚理念密切相关。依据报应刑理论,个体实施犯罪应受到相应的惩罚。显然,精神病人理应受到惩罚。不过,报应刑理论提出的制裁的严厉性,应与犯罪的严重性或罪犯道德上的可谴责性相适应的观念,却对精神病人犯罪具有特别的意义,因为精神病人案发当时缺乏自由意志,个体不应受到谴责。但僵硬的报应刑理论并没有根据犯罪起因及罪犯的特殊性提出差别化的矫正模式,也未考虑精神病人回归社会所面临的困难,常受到诟病。与之相反,恢复性理论强调罪犯的可回归性,针对个体的差异性采取量身定做的处置方案,达到积极促进罪犯恢复正常的生活秩序的目的。对精神病犯罪者而言,精神障碍影响行为人刑事责任能力的确认①,而不同刑事责任能力者可能具有不同的犯罪特征②,精神病人犯罪一定程度上与精神疾病相关。正因为此,精神病犯罪者是有病之人,应更多地接受治疗而非惩罚,即使制裁也应宽容、轻缓。于是,不断涌出各种替代传统刑事司法处置的非刑事化方式,尤其是对实施轻微犯罪的精神病犯罪者更是如此。此种非刑事化方案,即是对即将或已卷入刑事司法体系的精神病人,在刑事司法各阶段设计连续拦截程序,为精神病人转移至精神卫生系统提供"出口",尽可能增大他们获得治疗的机会。当然,非刑事化项目的成功实施,取决于刑事司法体系与精神卫生体系充分与有效的对话与协作。

当前,世界各国通过长期的探索与实践,认为对精神病犯罪者的最佳处理是将他们当做"病人"对待,移送场所是精神健康机构而非刑事司法体系的矫正机构。保护精神病人的权益,包括在刑事诉讼中精

---

① 赵秉志认为,精神障碍是影响行为人刑事责任能力的重要因素。但世界各国刑法所规定的精神病人刑事责任能力的确认标准却差异较大。赵秉志:《精神障碍与刑事责任问题研究》(上),载《云南大学学报》(法学版)2001年第2期。

② 一些学者经研究发现,不同刑事责任能力的精神病违法者有不同的犯罪学特征,参见胡泽卿、刘协和:《精神病违法者的刑事责任能力与犯罪特征》,载《临床精神医学杂志》2000年第1期。

神病人的权利,是域外法治国家与国际社会的普遍做法,不仅体现在立法中,也反映在司法实践中。

(1) 域外法治经验的考察

在美国,《联邦宪法》《联邦刑事诉讼法》及专门法律对精神病人权益的保护较为广泛与深刻。《联邦宪法第五修正案》明确规定:"任何人不得被强迫自我归罪及不经正当程序被剥夺各项基本权利",《第六修正案》规定:"任何人享有迅速与公开审判权及律师辩护权",《第八修正案》规定:"任何人不受残酷、非常的刑罚"。显然,刑事诉讼中的精神病人应受到《联邦宪法》的保护。而且,1973年的《美国康复法案》第504节与1990年《美国残疾人法案》,对精神病人享有的权益也作出了明确的规范。比如,《美国康复法案》规定,在联邦各执行机构或组织项目运作中,残障人士不受任何联邦机构的排斥或剥夺,具有享有接近、参与和受益于项目和服务的平等机会。同时,明确残障人士主要包括因身体或精神受到损害实质上限制一项或主要的社会行为的个体。《美国残疾人法案》也作出了类似规定,在各州与当地政府的项目运作中,禁止排除、否定或歧视参与和受益于项目、服务或活动的任何残障人士。根据上述规定,精神病人属于残障人士的范畴且受到两部法律的支持。除了立法保护之外,美国司法实践更是强调对精神病人犯罪以非刑事化处理。由于遵从普通法系的传统,一贯采取非正式的处理方案,拘留仅适用于严重犯罪。具体而言,在刑事司法系统的各节点(逮捕前警察处理、逮捕后审前处理、看守所、法院、监狱及社区监督等环节)对精神病人实施轻罪或无暴力犯罪的案件(有些州也在适用重罪)提供灵活的干预策略与转处计划①,包括警察的危机干预,检察官的审前释放计划,法官的量刑替代策略,看守所、监狱与社区的跨体系联合对接方案等。家庭、社区及非专业机构等非正式支

---

① 转处的定义主要是指重新定位犯罪的精神病人角色,使其远离刑事司法体系的处理,转向精神健康与社会机构提供的各项服务。See Livingston,"Criminal justice diversion for persons with mental disorders: a review of best practices",www.cmha.bc.ca/files/DiversionBestPractices.pdf,2012年9月1日访问。

持的治疗项目盛行,机构化运作程度较低。

在德国,立法规定对犯罪嫌疑人的精神状态的鉴定需在精神病院进行。为防止精神病院观察措施对犯罪嫌疑人干预处分过强,《德国刑事诉讼法》第81条规定了限制要件,比如"观察措施的开启由法院决定,观察前需聘有公设辩护人,鉴定人需对被告亲自检查获取鉴定意见,不服法院裁定可提起实时抗告,观察不得超过六周,观察措施的实施遵循适当原则"等。① 这也即是对于精神病鉴定行为实行司法审查,以强化对鉴定人侵犯精神病人权益行为的监督。在司法实践中,依循《德国刑法》第63条的规定,对无责任能力或限制责任能力的精神病人收容于(普通、专门的)精神病院治疗,强调治疗优先于监禁,机构化程度较为显著。

由此可见,无论是英美法系还是大陆法系,立法对卷入刑事诉讼中的精神病人均注重权益保护,特别是针对剥夺个体基本权益的行为实行更高密度的司法规制。同时,在司法实践中,尽管美国与德国在治疗环境(精神病院或社区)的优先选择方面存在差异,但两国的处置理念是一致的,均是在刑事司法各阶段对符合条件的精神病人实施分流,重视提供精神病人的治疗计划,避免在看守所或监狱羁押而恶化精神状态,达致程序性救助的目的。此种逆转精神病人进入刑事司法体系并安排评估与治疗项目的处遇机制,既可避免不必要的将被追诉人逮捕、起诉、判刑和监禁②,同时也可安置精神病人实施治疗,符合精神病人权利保障的需求。

(2) 国际社会的普遍做法

国际社会对精神病人权利保护的规定也会对刑事诉讼法强化精神病人的权利产生影响。1991年通过的《联合国保护精神病患者和改善精神保健的原则》,详尽规定了精神病患者及精神障碍犯罪人的基

---

① 〔德〕克劳思·罗科信:《刑事诉讼法》,吴丽琪译,法律出版社2003年版,第316—317页。

② 参见吴宗宪:《非监禁刑研究》,中国人民公安大学出版社2003年版,第217页。

本自由和基本权利,如"每个精神病患者均有权行使《世界人权宣言》《经济、社会、文化权利国际公约》《公民权利和政治权利国际公约》,以及《残疾人权利宣言》和《保护所有遭受任何形式拘留或监禁的人的原则》等其他有关文书承认的所有公民、政治、经济、社会和文化权利"、"精神病人应被保护免遭折磨性的、残酷的、非人道的或侮辱性的对待或处罚",未取得知情同意,不能给予治疗,应尽一切努力避免非自愿住院,等等。《囚犯待遇最低限度标准规则》第 82 条详细规定了精神病人在监狱中的处遇,如对患有精神病的罪犯转入精神病院或在监狱留置时安排治疗。另外,世界卫生组织通过的《世界卫生组织精神卫生、人权与立法资源手册》,也全面而系统地阐述了精神病人在刑事司法领域与精神卫生领域中的各项权利及相关处置规定。这些原则及规则,均已受到国际社会的普遍认可,同样也对各国的刑事诉讼法产生了约束力。

在中国,对精神病人权利的保护主要呈现立法规范薄弱、司法实践任意及社会认可不强等问题。在规范方面,保障精神病人权益的实用性条款十分有限,偏重的是打击犯罪理念。譬如,在侦查阶段,未赋予精神病人抗辩力量,精神病人难以理解、认同、回应侦查机关的有利或不利的处置决定。在起诉阶段,未对主观恶性小、社会危害性不大的精神病犯罪者适用起诉便宜制度,将其分流出刑事司法体系,同时附带治疗条件。在审判阶段,未体现量刑的个别化,并以治疗替代监禁。在执行阶段,未充分明确对精神病犯罪人适用保外就医的措施。

在实践方面,偏离既有制度的问题相当突出。以鉴定为例,如前文所述,检察院与法院重新鉴定与补充鉴定罕见,往往采取非正式的退处方式要求公安机关补充侦查。从打击犯罪的目的方面,此种程序倒流的适用方式可以弥补公安机关与检察院侦办案件的过错,使本已走到刑事司法末端的程序再次返回至开端,增大了案件追诉成功的可能性。同时,也规避了检察院与法院的责任。但是,检察院与法院对(个体自由产生较大限制的)鉴定的放权,会引发不受第三方监督的公安机关权力过大,难以避免适用过程产生滥用问题,主要表现如下:根据案情需要,公安机关可自行发动鉴定程序,也可任意阻却被追诉方启动鉴定的申请;适用鉴定之中,由于缺乏明确规范,留置期限可因案件性质随意适用,留置场所也因便利性与安全性限制于诸如看守所、监狱等机构;适用鉴定之后,强制医疗的决定与执行或释放的适用也相当随意。显然,公安、司法机关的调查权过大与精神病人权利保障过小之间产生严重不均衡,必要的权力规制与权利赋予暂付阙如。

在社会认可方面,民众朴素的法治观念与政治组织的维稳姿态对精神病人权益保障阻滞显著。实践中,精神病人偶然生发的重大恶性犯罪,在民众心中容易造成挥之不去的社会恐慌与恶劣影响。民众与当地政府对公安司法机关处置案件的态度与行为的密切关注,往往对公安、司法机关办案形成巨大压力。对民众朴素的法治观而言,希望与呼吁自身亲历与目睹的案件得到公正处理,"以眼还眼,以牙还牙"的报复性思想仍然受到广泛传播与坚守。对当地政府的维稳来讲,过问、督促甚至指导案件处理,尽快给受害人家属及当地民众一份满意的答复,以免引发不良的社会事件,维护社会秩序仍然是中心任务。在这两种观念的强势引导下,"重刑主义"成为公众与政府对重大恶性犯罪的处置结果的预期,被追诉人的精神状态如何显得无足轻重。当公安、司法机关处置结果与预测结果不相符时,司法权威可能就会受到社会各方的不满与质疑。因此,尽管出现一些匪夷所思的重大恶性案件,但感性大于理性,多数"罪犯"受到了重惩。可见,精神病人在公众心中依然是一些遥远的、陌生的、危险的而受到忽视与排除的群体,他们的权益保障根本无从谈起。

2. 社会防卫的要求

随着病人权利意识的觉醒,更多强制性或限制性的精神健康服务受到批评,非限制性的流动服务受到青睐。然而,权利的扩张也必然带来相应的义务负担的增长,即精神病人权利不应对公共安全产生贬抑效果。"对公众而言,更关注公共安全,而难以接受犯罪(有些是严重犯罪)的精神病人经过短暂的时间后,被施以住院治疗与释放"。①尽管通过治疗,精神病人的精神状态得以改善,但释放后潜在的危险仍然值得担忧。"一些国家对犯罪的精神病人通过法院令强制住院治疗的比例增大,出现强制住院的刑事化趋势。"②无论如何,过分警惕精神病人的危险性,对病人权益不利;过度赦免与随意释放精神病人,对公共安全产生贬损。因此,对犯罪的精神病人而言,惩罚或治疗的非此即彼的处理均非理想方案。针对精神病人实施的刑事案件的理想处理机制应包含两方面的含义,一是将行为人转移出刑事司法程序,实现回归社会的目标;二是精神病人返回社会可能对社会造成潜在的危险,在一定环境下可能继续犯罪,必须建立保护公共安全之举措。也就是说,精神病人的刑事司法处遇机制需要兼顾保卫社会与保障精神病人权益的双重目的。

在美国,强调对精神病人的附带治疗的释放,通常采取社区监管的治疗形式。在刑事司法机构与精神卫生部门提供的一些转处项目中,个体必须同意完成一定的治疗计划和接受定期评估。如果个体不参与或未完成转处计划,检察官或法官可能作出选择继续指控或判处监禁的惩罚性决定。而在德国,对治疗不成功仍有危险的个体可以无期限收容。③ 另外,强制收容精神病院治疗后,应定期预测个体未来犯罪的危险性作为释放条件,如果决定可以释放,必须附带行为监督处分,此监督的期间为2至5年。④ 总体而言,无论是美国还是德国,附条件释放是常态,而且通常安排的治疗计划具有一定的强制性,且不同意治疗将招致不利后果。在社区监管治疗(美国)或机构式治疗(德国)模式下,虽将精神病人转移出刑事司法体系,但会提供附带治疗的限制条件,从而减少精神病人重新犯罪的危险,实现社会防卫的目的。

---

① Melamed, "Mentally Ill Persons Who Commit Crimes: Punishment or Treatment?", The Journal of the American Academy of Psychiatry and the Law, Vol. 38, No. 1:100(2010).
② Ibid.
③ 参见曾淑瑜:《精神病人犯罪处遇制度之研究》,载 http://www.moj.gov.tw/public/Attachment/651915295370.pdf,2012年9月1日访问。
④ 参见同上。

在中国,由于立法规范不足,公安、司法机关对精神病人的处置制度与实践呈现出一种表面上的悖论,即尽管偏向社会防卫的目的,但实践运行并不会实现保卫社会的效果。在规范方面,主要体现在公安、司法机关对精神病人在刑事司法体系及精神卫生体系之间的地位及作用的配置不足。

首先,在各诉讼阶段,法律没有明确规定无责任能力或限制责任能力的精神病人可移送精神健康机构治疗,致使许多精神病人在刑事司法体系内被处置,病情并没有缓解反而恶化,或即使被分流出刑事司法体系而走向社会,也无相关治疗或其他措施降低他们可能产生的危险。

其次,治疗期间及机构与释放程序等缺乏规范。由于此种规范的缺失,公安、司法机关可将精神病人依据便利原则不经任何限制措施交由家属看管,而非连接精神健康机构提供服务,即使移送相关的精神健康机构,已接受治疗的精神病人可短期出院而没有附加必要的限制条件。

最后,监禁机构对罪犯精神状况的定期筛查与评估的规定缺失。已有规范仅确立罪犯在入所(看守所)或入监(监狱)时进行身体健康检查的制度,而忽视入所或入监后罪犯的精神状态的观察与诊断,这难以预防罪犯自杀或伤人事件的发生,因为罪犯制造的大多数危险性事件都在入所或入监初期。

在实践方面,公安、司法机关对精神病人实施危害社会的案件的处置呈现任意状态,维护公共安全的措施不够,尤其是许多实施暴力犯罪的精神病人更是如此,即未经监管而直接流向社会。譬如,对一些实施重大恶性案件经鉴定不负刑事责任能力的精神病人,在侦查阶段,公安机关直接移送家属看管,而家属也无力承担管护责任。在起诉阶段,当检察院作出不起诉或退回公安机关补充侦查时,一般并不提供附带相关条件的限制。在审判阶段,法院要么作出不负刑事责任的判决,要么退回检察院补充侦查,均不会提供管控精神病人的手段。这些被刑事司法体系转移至开放的社会当中的不受任何限制的个体,将给公共安全造成难以预料的危险。

法治国家及国际社会对精神障碍权利保障的关注与重视,对我国保护精神病人的权利提供了一定的借鉴意义,尤其是国内面临社会治理难度增大、人民群众对司法运作提出更高要求的背景下,重视刑事司法的人权保障更显得重要与迫切。当下中国精神病人的刑事司法处遇实践之所以呈现混沌与任意状态,很大程度上在于立法规范不够。在已有的规范条文中,既缺乏对刑事司法机关的各项具体权力的赋予,也缺少对精神病人权益保护的各项制度。在全球化、国际化冲击与压力的不断增强及国内法治观念与维权意识持续高涨的双重因素影响下,我国需要检视自身的法律制度建设,尤其需要检讨对精神病人权利影响甚大的刑事诉讼法,以此回应国际与国内的关注与期许。

(二) 可行性

精神病人的刑事司法处遇机制的运作,受制于各国刑事司法制度、精神健康政策及文化观念等因素的影响。一般而言,考察精神病人的刑事司法处遇机制应注意以下方面:

1. 法院系统设置

各国针对刑事案件设计的法院体系差异颇大,其中既有根据犯罪类型或犯罪性质设置的普通法院,也有依据犯罪行为人的特殊资格而负责的专门法院。不同国家对精神病人处理的法院主要是普通法院与专门法院(主要是精神卫生法庭)两类,前者主要由法官或陪审团组成审判庭,后者由跨界的专业人士组成团队,这样的团队成员主要包括警察(逮捕精神病人的警官)、检察官、辩护律师、精神健康机构的咨询员、缓刑调查官和法官组成。与普通法院不同,精神卫生法庭是基于解决精神病人问题的理念,在团队成员的共同参与下,裁决精神病人参与一定的治疗计划,试图改善精神病人的精神状态,避免精神病人循环犯罪,最终顺利融入社会。

2. 诉讼制度

在实际运行中,精神病人刑事司法处遇机制的可行性及程序设计强烈依赖司法人员的态度及行为,往往不同时期各国及一国各地区之间存在差异,不可简单照搬。尽管如此,仍存在一些值得关注的因素:

(1) 司法人员的执业理念

传统法官是依赖法律规则与程序,合理运用职权对被告人作出裁决,体现的是中立性、被动性与公平性。然而,面对精神病人,现代法官开始主动借助法律制度的设计与运行,以重视解决个体面临的困难与问题为目的,在许多情况下,强制被告人必须接受特定治疗条件才能脱离刑事司法体系,表现出一定的偏向性、主动性与强制性。而且,在一些法庭,作为保护公共安全的检察官与被告人的目标也变得一致,共同讨论如何对被告人安排适当的治疗计划。庭审程序已呈现非对抗性。

(2) 跨专业机构及人士的支持

精神病人的最佳处遇是脱离刑事司法体系,移送精神健康机构或社区服务中心治疗。因此,成功展开对精神病人的处理,除司法人员外,还需跨界的精神健康机构的联络与协作,精神病医生、心理医生、个案管理员、社区工作者等的参与不可或缺。

(3) 司法彰显的权威性

对精神病人可能涉嫌的案件,法官往往委托精神病专家对被告人的精神状态予以评估,根据评估意见,运用职权采取灵活处理与自由裁量,作出移送精神健康部门治疗或监禁机构惩罚的决定,而这些决定的运作,高度依赖国家或地区的社会环境对司法权威性与法官公正性的认同。因此,精神病人刑事司法处遇机制效果如何,一国或地区的司法的权威性与法官的公信力相当重要。

(4) 司法人员的文化观念

各国司法人员的文化观念对法律规则及司法实践的塑造颇为重要,而文化观念的形成,不仅依赖本国的社会资源的丰富性,也受制于司法人员自身教育程度、价值观、执法经验、工作负担等因素的影响。

对精神病人而言，在精神健康机构方面，如果一个国家具有多样化的精神健康资源，而这些资源愿意接纳从刑事司法体系转移的精神病人，无疑会在一定程度上促进司法人员改变刑事化处遇方式。反之，可能加重刑事化烙印。在司法人员方面，如果高度重视公共安全，只要精神病人实施危害社会安全的行为，无论犯罪性质或个体状况，都会通过刑事司法程序矫正精神病人的行为，使其失去犯罪能力与危险性。反之，如果高度强调精神病人权益，一般可根据犯罪性质与个体精神状态，选择灵活的、最佳的替代刑事化处理方式，促进其恢复正常的社会生活，从而免予刑事化。

3. 精神健康政策的运用

世界范围内精神健康制度与政策差异较大，设计与运行因地而异。

（1）精神医疗制度及福利波及范围

欧洲国家对精神病人基本实现了精神病医疗的福利制度，尽管如此，各国对精神健康医疗着力点有着显著差异。英国国民健康服务体系（National Health Service，NHS）是针对全国所有人群的医疗制度，该体系整合所有精神病医疗机构，收治脱离刑事司法体系的精神病人。其他大部分欧洲国家采用混合制模式，即国家提供基本医疗服务与公共或私营医疗保险计划提供的大部分服务相结合。精神健康医疗被认为是国家的责任，通常由司法部或卫生部完成。很明显，整合隶属不同管理部门的精神医疗服务变得十分困难。总之，欧洲各国将精神健康服务整合进入司法或综合性精神健康医疗制度，在规则方面差异较大，这些规则受到国家整体健康政策理念的调整。

与其他发达国家不同，美国没有实现全民医保制度，也未形成统一的医疗保障制度，联邦与州之间的医疗卫生与医疗保险制度差别显著，具有高度分散性与多元化的特点。目前，美国医疗保险制度主要是由社会医疗保险、私营医疗保险与管理式医疗组织三部分组成。①于精神病人而言,从刑事司法系统转移后,可以参与联邦提供的受益项目,适用社会安全残障保险、医疗照顾制度(Medicare)与医疗补助制度(Medicaid)、贫困家庭临时救助政策等,以获得具有一定保障性的治疗。

(2)精神健康治疗的载体

在20世纪60年代,在去机构化运动的影响下,世界范围内的精神卫生系统发生了巨大的结构性变革,引发了医疗机构数量的大幅减缩,住院治疗的床位严重缺乏,医院治疗的人数遽然减少。大量精神病人走向社区,这在一定程度上促进了社区服务机构的快速增长。然而,关于精神病人在医院还是社区环境中治疗更优先的争论也随之而来。两分法的见解一直认为二者功能彼此对立。时至今日,许多国家的医院(综合性医院、普通精神病院与监狱精神病院等)提供的精神健康资源短缺(主要包括精神病医生数、精神病床位数等),难以满足精神病人的治疗需要,一些国家已经选择将精神病人转向社区治疗。目前,医院与社区治疗并存的混合模式,已成为现代精神健康治疗的两种互补选择。

中国当前关注精神病人刑事司法处遇机制具有如下的社会条件:

(1)在刑事诉讼制度方面,已初显精神病人权益保护的理念

一方面,2012年《刑事诉讼法》的颁布与实施,其中新设的强制医疗程序的条款,改变了公安机关单向行政行为决定的传统,强调剥夺或限制精神病人自由的处分的司法审查规则,确保对精神病人处置权力的合法性与正当性。此种变迁,从形式上为精神病人的处遇机制注入了司法化因素,从实质上反映出中国对待精神病人的价值取向已从惩罚转向保护。尽管强制医疗程序的条款尚待完善,却为更新与建立中国式的精神病人处遇机制创造了重要的法律基础条件。另一方面,

---

① 参见张笑天:《美国医疗保险制度现状》,载《国际医药卫生导报》2003年第1期,第27页。

中国刑事庭审的强职权主义模式,使中国奉行"以非庭审为中心"场域的诉讼模式,法官审判具有浓厚的职权主义色彩。此诉讼模式适用于一般被追诉人的案件,易引发不利于辩护人积极抗辩与事实真相发现的弊端。然而,非对抗式的程序适用精神病人却有裨益,因为法官可依职权自由裁量与积极主动地介入个体可能存在精神异常的案件,根据检察院、辩护人、鉴定人、家属等人员的意见安排妥当的治疗计划,通过发挥法律规则与程序的治疗作用,减少因对抗式诉讼程序,强调控辩双方相互攻诘的形式给精神病人带来的威慑性与耻辱感。

(2)在精神健康制度方面,《精神卫生法》的颁布,医改政策的渐进推行与完善,均为精神病人刑事司法处遇机制的建设与运行提供了相应的精神健康制度保障

随着我国经济与社会的加速转型,社会竞争加剧,人们罹患精神疾病的数量呈增长态势,精神卫生问题已日益突出与严峻。近年来,国家不断推行与深化医疗改革,制定精神卫生法,对我国精神健康制度的调整与改革产生了极大的推动作用。一方面,《精神卫生法》确立了精神病人权益保障的理念。我国《精神卫生法》酝酿20余载,几易其稿,终于2012年颁布。法规面世的曲折历程,反映出平衡个体权益与社会公共利益的艰难处境。尽管该部法规在内容上还存在不少缺憾,但是总体而言,该法的颁布,意味着我国精神病人的权益具有了法律保障,是国家人权事业的新拓展,符合国际保障人权的发展趋势。《精神卫生法》的主要特点在于保障社会整体利益,侧重保障个体权益,将诸如人格尊严权、人身权、财产权、自主决定权与自愿治疗权等写入其中,这确立了精神病人与正常人享有同样权益的理念,也为今后防止精神病人遭受歧视与耻辱化,以致引发不人道甚至不法的对待提供了法律支撑。更重要的是,在刑事司法体系方面,该法确立了实施危害社会的精神病人权益保护的规定,比如罪犯可获得精神健康咨询、辅导与治疗。尽管条款内容涉及不多,但为刑事司法机关与精神健康机构共建精神病犯罪人的处遇方案提供了法律保障。另一方面,

新医改有了政策保障。在 2011 年卫生部形成的《国家基本公共卫生服务规范》文件中,重性精神疾病患者的治疗已被纳入,并可获得患者信息管理、随访评估、(根据患者危险级别)分类干预、健康体检等类型化服务。而且,新医改重点强调社区资源下沉,强化社区看护、治理及康复等系统建设,做到及时辨识、尽早干预与系统治疗的管控服务。可见,新医改的初衷是强调社区对重性精神病人的管控和预防,严密防范发生精神病人肇事肇祸事件的目的,但制定的探索方案,一定程度上也可对离开刑事司法体系的精神病人群体后继的医疗资源服务提供健康保障条件。另外,卫生部于 2012 年发布的《重性精神疾病信息管理办法》,要求重性精神疾病信息收集与报送任务由精神卫生医疗机构和基层医疗卫生机构承担,同时要求在省、市两级建立卫生部门与公安机关之间的重性精神疾病信息定期交换与共享机制。这对于保护精神疾病患者的医疗隐私信息与强化精神卫生机构与公安机关之间管控协作具有重要意义。总之,在当前的社会条件下,对于精神病人的刑事处遇机制,《精神卫生法》在一定程度上确立了精神病人权益保障的理念,医改政策提供了具体的医疗保障制度,二者均为建设精神病人刑事司法处遇机制提供了重要的前提条件,进而为开展刑事司法体系与精神卫生系统的共建联合处遇方案创造了可行性。

当然,上述社会条件虽提供了一定的保障,但正如前述,中国当前关于精神病人刑事司法处遇机制存在的主要问题仍需关注,立法粗疏,实践任意相当严重,而且制度与实践呈现一定程度的偏离,以至于精神病人要么被放任不顾,要么遭受更多的惩罚,而疏于治疗。尽管公安、司法机关当前考虑到精神病人带来的危险性,并通过监禁机构暂时控制精神病人的人身自由,但从长远检视,未经治疗或治疗不充分的精神病人可能重新犯罪,进而产生新的、更大的危险,已有的矫正机制实现社会防卫的效果十分有限。刑事司法处遇机制主要产生惩罚与治疗两种效果,以此为基准可划分为惩罚机制与治疗机制两种类型。面对中国的问题,建构崭新的精神病人刑事司法处遇机制,应从惩罚机制与治疗机制两方面共同改进。同时,从改进的内容看,结构崭新的处遇机制需在中国刑事司法实践的基础上展开,并适当结合域外经验作为借鉴。

二、理念调整

随着我国经济改革向纵深方向发展,引发的连锁反应也逐步显现,如社会结构的变化、大众意识的变迁、教育的普及等。与之相适应,中国公民的民主与权利意识在不断增强,对司法需要也在日益增长。就公民民主的意识而言,公众参与、社会监督、责任政治等体现现代民主政治要素的发展对刑事司法体制与工作机制提出了新标准。司法不仅要求司法的公开、公正和透明,更要求一种民主司法。当下,中国社会公众对司法民主的意识不断提升,参与热情也不同于以往。当一个刑事案件出现时,民众借助网络等媒介发表评论的方式已成普遍现象。在公民的权利意识方面,在立法与司法实践中,不仅普通公民的权利需要维护,犯罪嫌疑人、被告人甚至已经被法院判决有罪的人,其基本权利也需要受到国家与民众的尊重与保障。社会大众对司法运作较高期待的愿望,需要司法机关提供更高质量的司法服务,以实现对被害人及被追诉人权利的平衡兼顾。公民权利诉求的充分张扬与其内容的多样化,不可避免与现有刑事司法机制产生摩擦。同时,来自域外的关注、批评甚至恶意攻击的国际形势,要求我们在刑事司法的公开性、公正性、人权保障方面作出有效回应。而就(疑似)精神病人实施的重大恶性案件而言,被害方要求从重从快的惩戒诉求,被追诉方要求从轻从缓的治理愿望,甚至一些案件因被追诉人自身的特殊性,往往还引发了某些域外国家的关注与评论。[①] 多方诉求的交互影响,对精神病人的刑事司法处遇机制提出更多、更高的要求。因此,充当以反应式、单一化与非结构化的紧急应对角色以"临时治理"

[①] 比如,2009年新疆阿克毛走私毒品案的死刑判决,就遭受了来自英国方面的批评与质疑。

为特点的强惩罚型或弱治疗型刑事司法处遇模式,已经难以适应当前国内与国际形势发展的需要。

　　从理论上讲,对精神病犯罪者而言,惩罚与治疗存在二律背反的困境,即高度依赖刑事司法体系的解决模式,将产生偏重惩罚而疏于治疗的效果,而完全移交精神卫生系统的解决模式,将导致偏重治疗而忽视惩罚的效果。以保障人权与打击犯罪的价值取向为基准审视,两种非此即彼的二元对立的单一化模式均存在瑕疵。在中国当下的民主法治状况的社会背景下,若强调权益保护,而不依法惩罚,将有违法治底线,并助长民意反弹;若依法惩罚,仅侧重打击犯罪的价值取向,同样容易制造侵犯人权的后果。因此,唯有主动改革,尽可能消除二者的对立或排斥,实现包容性发展,才是建设精神病人刑事司法处遇机制的关键。中国的问题,正如前述,不仅在于惩罚机制,也在于治疗机制。建设的内容应是强调两条腿行走。域外提供了两种可供选择的方案:一是在刑事司法体系中保障罪犯的精神健康检查与治疗。比如,看守所、监狱增加了精神病医生、药物及其他治疗设备,定期对罪犯的精神健康检查,等等。二是刑事司法机关与精神健康机构共建处理方案,即前者负责惩罚,后者提供治疗。比如,对一些有部分刑事责任能力人犯罪的案件,大部分国家选择监禁与治疗共处计划。只是一些国家提供治疗优先于监禁的策略,而另一些国家却要求监禁优先于治疗的方案。①

　　当然,在中国语境下,需建构"'本土主义的现代型'模式"②,上述两种解决模式不能简单复制,应根据我国的刑事司法与精神卫生制度各自的发育状况,及两大体系的协作的密切程度综合考量。同时,尽可能降低建设的成本与代价,最大限度兼顾保障人权与打击犯罪(保

---

① See Melamed, "Mentally Ill Persons Who Commit Crimes: Punishment or Treatment?", The Journal of the American Academy of Psychiatry and the Law, Vol. 38, No. 1:101 (2010).
② 参见左卫民:《中国刑事诉讼模式的本土构建》,载《法学研究》2009年第2期,第107—120页。

卫社会)的两大价值目标,建构包容惩罚与治疗理念的刑事司法处遇机制。不过,就刑事程序整体来讲,刑事司法权力的行使与精神病人权益保障之间的均衡并非静态,而是需要根据不同诉讼环节及精神状态与犯罪性质调整与设置。换言之,解决模式之设计应遵循动态均衡的价值理念。中国精神病人刑事司法处遇的理念调整就包含两个方面:在整体构造上,强调惩罚与治疗并重;在局部环节上,突出动态均衡的设计。需要注意的是,当崭新的刑事司法处遇机制正常建立后,刑事司法体系昔日强化惩罚或改造目的的意义将会在一定程度上受到稀释或淡化。这主要表现在:一方面,刑事司法机关不仅承担逮捕、关押与处罚罪犯的功能,而且还承担着移送精神病人至精神健康机构治疗,并提供流畅链接医疗服务的责任;另一方面,刑事司法机关自身创造一定的程序以解决个体问题为指向,针对个体差异提供相应的治疗计划,达到缓解个体被压制与摆脱耻辱化污名的困境的目的,最终减少个体再犯之风险。两种新颖的服务内容也许使得未来刑事司法的目的——惩罚性或改造性——弱化,治疗性或修复性目标将日渐受到重视与强化。

三、路径选择

明晰改革的理念之后,如何建设便成为需要进一步探讨的问题。总体而言,机制建设的总体目标是实现人权保障与社会防卫之间的平衡,同时提供公众诉求与利益表达的畅通回应渠道。即使限制公众的声音,也必须明确与解释刑事司法权力运作的合法性与正当性。根据前述我国精神病人刑事司法处遇机制存在的较多问题,可从以下四个方面展开建设:

(一) 立法层面的调整

关于精神病人的刑事司法处遇机制涉及刑事司法与精神卫生两大领域,因此,未来立法规范需要整合刑法、刑事诉讼法及精神卫生法的内容,创设刑事精神卫生法。

对精神病人的处理,我国刑法实行单轨制的立法模式,要么无罪释放(很少治疗),要么监狱惩罚,此种执行理念无视精神病人的危险性,也未促进精神病人的再社会化,对精神病人之矫正带来不利影响。为此,从防范危险性与改造之角度,刑法有必要明确惩罚与治疗相结合的处遇理念。具体而言,在条款设计上,首先,精致化修正《刑法》第18条关于精神疾病类型过于笼统的规定,采取生理与心理混合式立法标准。其次,强调强制医疗作为国家的责任,应由法院命令进入精神病院,以防止刑事司法机关无法可依而陷于尴尬司法的局面。另外,强制医疗的启动要件过于简略,且治疗期限采取完全的不定期,被滥用或未达预期的弊端皆可能出现,有必要精细化设计。比如参考德国修法规定,强制医疗实体要件必须是精神病罪犯产生即时危险性,需要有治疗的可能性,适用强制医疗具有必要性等,治疗期间采用定期与不定期相结合。① 再次,增设对限制责任能力或服刑期间始发精神疾病的罪犯,采取强制医疗与刑罚并处的执行方式。对于限制责任能力的精神病罪犯,可同时被宣告强制医疗与刑罚,二者执行的先后位序可参考精神病医生的鉴定意见决定。对服刑期间发病的罪犯,可由法院决定强制医疗。

《精神卫生法》已颁布,规范的内容多涉及精神病人的民事处遇,而对刑事处遇规定较为单薄。对此,治疗法学理论有助于协调与发展刑事法律与精神卫生法的内容。因为"精神卫生法缺乏宪法性刑事诉讼程序的基础,发展治疗法学可将宪法性的刑事诉讼保护理念延伸至精神卫生系统"。② 治疗法学理论为精神卫生法与刑事诉讼程序注入新的因素,拉近了二者的距离,为共同解决诸如无刑事责任能力及无服刑能力的精神病人等问题奠定了基础。从衔接刑法、刑事诉讼法的

---

① 参见张丽卿:《司法精神医学:刑事法学与精神医学之整合》,中国政法大学出版社2003年版,第366—367页。

② Wexler, "Therapeutic Jurisprudence and the Criminal Courts", william and mary law review, No,1:282(1993).

角度,精神卫生法应增设刑事处遇的规定,比如精神病患者选择治疗的种类、强制医疗程序、各诉讼环节的处理机制等,尤其是精神科医生与刑事司法机关之间权力关系更需规范,以此弥补刑事司法与精神卫生系统之间的裂缝。

除《刑法》与《精神卫生法》之外,当前我国触法精神病人接触最现实的法律当属《刑事诉讼法》,直接面临着在诉讼路途中如何对待的问题。而且,相比《刑法》与《精神卫生法》稀少的条款,《刑事诉讼法》关于精神病人的权益保障显得相对较多。为此,《刑事诉讼法》的修改将对精神病人的刑事司法处遇机制的立法完善至关重要。不过,在当前社会转型及社会矛盾突发、多发、多样的背景下,社会治理难度增大及成本上升,总体而言,现行《刑事诉讼法》在价值取向上,主要偏向打击犯罪。这本无可厚非,但打击犯罪也需要一定的限度,不能违背或忽视国际上普适性的保障人权的规定,尤其是对于在刑事诉讼程序中处于弱势地位的群体,更应予以特殊关照。就此而言,作为弱者的精神病人进入刑事诉讼,立法应赋予他们确定而有效的防御权利,以对抗强大公权力可能的侵害。关于这一点,无论是 1979 年还是 1996 年《刑事诉讼法》均未充分关注,而 2012 年《刑事诉讼法》虽增列了精神病人权利保护的某些合理的技术性规范,但显然未形成全面化与系统化的保护制度。对精神病人强化刑事诉讼的保护,可建议进一步通过司法解释完善,譬如完善特别程序中关于精神病人保护的规定,针对精神病人犯罪的案件专设侦查、起诉、审判、执行、医疗等环节的权利,进而真正树立保护精神病人权利的理念,在价值取向上实现对精神病人由制裁向保护的系统化转型。

(二) 司法层面的规制

立法是渐进性推动改革前行的力量,但立法的局限性也是相当明显的,主要表现在:一方面,立法的粗放性,即规则本身模糊、应用性缺乏及规则之间抵牾;另一方面,立法的滞后性,即只能部分预测突发性、多样性或前瞻性的问题,尤其是在中国处于转型时期的司法语境下,更无法有效回应具有相当动态性与现实性的案件。破解难题的关键也许可以紧急借助司法裁量来实现,这既可以降低大刀阔斧的立法引发的改革成本与代价较大的风险,也可在无法可依的状况下,采取灵活方式先期解决当前发生的问题。面对精神病人的刑事司法处遇问题,如何发挥司法作为最后救济底线的作用,笔者以为,应当考虑如下方面:

1. 在立法空白的场合,可以发挥司法裁量的功能

从对目前已发生刑事案件的统计来看,精神病人犯罪往往具有突发性、暴力性及侵害对象的不确定性的特点,后果相当严重,影响十分广泛。而在立法应然缺失的状况下,倘若法院不给出"说法",难以向社会与当地政治组织交待。于是,法院需担当解决问题的角色,这里所讲的解决问题的司法裁量不是一味迎合民众的满意度(所谓的司法民主化),也不是软化刚性的法律恣意扩大调整成当地政府的维稳工具(所谓的司法政治化),而是着力于从对个案的处理中发现新的政策与法理,通过判例把精神疾病被告人的合理诉求固定下来,形成未来对该特殊群体的填补权利真空的法律制度与程序(司法的职业化),避免处遇机制因时因地因案而异,乃至碎片化。同时,为防止"司法民主化"与"司法政治化"的逆袭,在司法裁判前,根据案件的重大程度,建立审判风险预警机制,对审判可能带来诸如民意反弹及政府压制等社会不确定性的结果进行风险评测。总之,司法裁量是通过法律程序解决案件中精神病人面临的问题,试图使法院在审理精神障碍被告人的案件中淡化政治意识形态与民众价值判断,给出中立的判断与令人信服的说理,彰显个体正义。

2. 在司法裁判中,确立精神病人的治疗或恢复功能

前述实践表明,中国实行流线式刑事司法运行机制,在很大程度上,审判程序是对公、检工作的一种确认与补充,经过公、检侦办与调查的精神病人的案件,纠错与翻盘的机会势必显得渺茫。尤其是在公、检均认定某类证据(比如鉴定意见显示被追诉人并非精神病)确实的情况下,律师尽管对某类证据持有异议或力推申请调取新证据,但

收效甚微,法院更会相信与采纳公、检的意见。由此可见,在当前中国的司法语境下,精神病人刑事司法处遇是一种制造与确认惩罚型的机制。但是,作为刑事司法救济的最后一道防线,司法裁判机制应担当保护精神病人权益的重任,尤其在立法保护少数派或弱势群体利益不够的情况下,更需要司法裁判施加补救措施的智慧与勇气。对精神病人权益保护的根本,在于通过一定的救助措施恢复正常生活,而治疗型或恢复型方案是最优选择。因此,司法应适当调整传统的惩罚技术,形塑与累积崭新的具有修复功能的方案。此种方案是在当前中国既有职权抑制的诉讼模式下展开,并非对传统的非对抗式程序大动干戈地改造,有助于降低改革的成本与代价。更重要的是,新颖的处遇机制是运用制度与程序本身达到治疗效果,公、检、法机关共同参与突破或反对制度与程序赋予的惩罚色彩的传统角色,取而代之是主动与精神障碍被告人及其律师建立与累积新的共识,围绕精神病人的权益协商产生一个方向性的治理意见,即都在强调精神障碍被告人利益的最大化。可以肯定的是,司法创新的治疗模式对精神病人的回归性是大有裨益的。

3. 司法层面对精神病学负面影响的调整

关于精神病学介入司法的问题颇有争议。赞成者认为,精神病人犯罪行为的产生源自病理作用,如若对判处监禁的精神病人无罪释放,必须根据精神状态判定。而罪犯的精神状态依赖于深谙精神病学专业知识的人员的观察与测评,释放应由专业的精神科医生决定,而非法官。反对者认为,精神病学渗入司法引发裁判的不确定性与不公正性,使得刑事责任的确认与未来重新犯罪的危险变得不可预期。无论是赞成者还是反对者,基本确认这样一种事实,精神病学知识已经运用到司法实践中,可能引发司法公正危机。而且,精神病学的发展历史也表明,对责任概念的关注已转向对危险概念的评估。在当前的中国,精神病学知识对刑事司法的负面影响主要表现在:

(1) 刑事责任能力确认的不稳定性

我国刑法基于刑事责任的标准确立处罚模式,刑事责任能力的程度决定着惩罚抑或释放。因此,精神病学在我国刑事司法运作中发挥的主要作用是对行为人刑事责任能力的确认。然而,刑事责任的确认是一种确认过去精神状态的回溯式经验研究,确认的结果准确性与可靠性值得担忧与怀疑,尤其是在案件发生较长的一段时间之后的起诉与审判阶段更是如此。这种担忧与怀疑是有依据的,在司法实践中,围绕同一案件被追诉人刑事责任的确认往往出现完全相反的鉴定意见。①

(2) 危险性评估欠缺成熟性

我国《刑事诉讼法》增设强制医疗程序,适用对象是无刑事责任能力且具有继续危害社会的可能性的精神病人,而继续危害社会的可能即是一种需要精神病学知识着重于对精神病人未来行为是否具有危险性的评价。也就是说,确认未来发生累犯的危险。此评估制度在我国尚未充分展开,同时,因本身预测精神病人的未来行为,其有效性与可靠性也受到了质疑。

无论是对过去精神状态的确认,还是对未来危险性的测评,均具有相当的不确定性。为保障精神病人的权益与司法公正,有必要以司法技术手段缩减、转移甚至消除精神病学知识的负面影响。根据我国医学权力的适用状况,笔者建议的思路是:① 限制医学权力介入司法的广度与深度,针对个案设置医学权力的司法准入制度,使得医学权力对(疑似)精神病人权利的干预必须遵循比例原则与必要性原则。② 对医学权力施加的各种限制人身自由的医疗服务进行定期司法审查,防止不当或过度干预个体权益行为的发生。

(三) 媒体预警告知制度的建立

在当前,某地如若发生精神病人涉嫌重大恶性案件时,往往受到公众与媒体的广泛关注。实践中,当精神病人"无罪释放"后,社会时常出现抵触或抗争意见,个中原因可能在于社会各界对精神病学知识

---

① 比如王逸泼硫酸案。

的不理解,乃至认为精神病学介入司法轻易使得精神病人逃避惩罚。域外法治国家也同样遭遇此种困境,不过,可通过媒体告知程序辩白或缓解。以德国为例,通常,精神病医生作为专家证人出庭,此种方式可使社会各界集中关注司法精神病学知识及作用。德国精神学学会举办的活动,即是帮助公众关注精神病学领域研究的目的。由于一些重大案件及来自公众的后续反应可能对治疗与司法产生影响,德国一些司法精神病院首创通过积极媒体宣传告知公众与政治当局关于司法精神病院工作的目的与必要性,可先期预防由于公众对精神病学知识知之甚少而产生的不可预期的负面连锁效应。[①]

我国社会各界对司法精神病学关注缺乏,往往比较感性地对精神病学介入司法的案件发表不太科学、合理的看法与观点。同时,精神疾病的复杂多样,使得对精神疾病的确认与处理的观察与思考难免出现差异,更加重了社会对精神病学介入司法的偏见与误解。从当事人角度,这些情况更容易发生,乃至由于不满精神病学干预司法获得的决定而作出不理性的行为。针对我国社会对待精神病学的意识形态,有必要借鉴德国经验建立媒体告知程序以解疑释惑。此告知程序的适用对象主要是当地具有社会影响力及可能产生剧烈反应的重大恶性案件,可由精神健康组织(比如安康医院、精神病院等)在案件处理结果发布之前,通过媒体宣传精神病医生的工作、治疗方案及治疗方法可能产生的局限性等精神病学知识,使得社会各界有机会了解与关注精神病人的司法处置及其目标,进而认同精神病学对司法的价值与意义。除此之外,告知程序效果还体现在普及与强化公众对精神疾病的精神卫生观念,使得民众理解与掌握各种精神卫生知识与策略,进而做到既要善待已患精神疾病的犯罪人,也要避免自身陷入精神健康问题。当然,此种制造社会同意的宣告程序需要结合一国的司法程序

[①] See Salize et al, "Placement and Treatment of Mentally Ill Offenders—Legislation and Practice in EU Member States", http://ec.europa.eu/health/ph_projects/2002/promotion/fp_promotion_2002_frep_15_en.pdf,2012年9月1日访问。

与精神卫生制度。就司法程序而言,精神病学参与司法实践程序必须以看得见的方式向社会各界展示,比如在审判阶段,精神病医生作为专家证人出庭作证,进而产生图文并茂的效果。也需要注意的是,此种告知程序主要是对精神病学知识的介绍与宣讲,应尽量避免对精神病人隐私信息的披露及所涉及案件处理结果的揣测或预判,防止干预司法独立。对精神卫生制度来讲,应针对民众建立梯度有序的预防策略及已患精神疾病的群体的治疗与康复计划,实行"防"与"治"的结合。

无论是司法程序还是精神卫生制度,都需要媒体自律品格的护持,才能使得舆论宣讲产生温和、理性且富有建设性的效果。精神健康机构借助的媒体预警告知程序担当了检测、稀释或吸纳民众集体抗争性烈度的前沿触角的功能,保障了民众的参与权、知情权与监督权,有助于消解集体反对行为,使刑事司法处遇结果具有安定性与说理性,防止民粹化司法的伤害。

(四) 社会配套制度的建设

社会之所以产生精神病人犯罪问题,很大程度上跟我国既有的社会分配与保障体制及基层社会建设有关。从预防精神病犯罪人出现的角度看,应调整社会分配体制,加强对社会边缘人的基本权益的保障,消除强势与弱势的结构对立;强化精神卫生的宣传观念与干预策略,建立精神疾病干预的初级、次级及终极预防的三级防御体系。通过调整社会政策与相关制度,打破社会阶层流动的"城堡"现象①,使社会弱势阶层获得更多的物质帮扶与精神救助,进而减少因社会不公平而衍生的社会失范行为。同样,精神病人的刑事司法处遇机制并非孤立于当前社会政策的调整,也不是脱离相关社会制度改革,相反,它与社会政策与社会制度的调整与改革密切相关,受到社会宏观背景的

---

① 参见郑永年:《中国社会如何才能变得更加公平一些?》,载 http://www.zaobao.com/special/forum/pages8/forum_zp121030.shtml,2013 年 1 月 10 日访问。

影响。为此,从治理的角度讲,可从以下方面考虑:

(1) 完善精神病犯罪人的社会保障体系

精神病犯罪人的处遇关涉精神卫生领域提供的治疗服务,以及延伸至回归社会中的生活、就业、住房等问题,任一环节缺失与不当,都可能导致精神病人重新返回刑事司法体系。因此,精神病人犯罪人的医疗、就业、住房等社会保障体系的完善至关重要,卫生部、财政部、社会保障部、民政部与残联等部门,应积极联合共建动态的帮扶与保障措施。

(2) 给被害人提供救助

精神病人犯罪人大多数处于生活困窘的状态,其犯罪行为往往也造成了被害人及家庭生活面临艰难困境。如果精神病人既不面临刑罚,又不提供赔偿,容易使经受巨大灾难的被害人及其家庭产生心理失衡及感受社会的不公正。为此,当地公安司法机关与政府有必要提供合理救济,给予被害方物质帮助与精神抚慰。

(3) 法律工作者与精神病医生的教育与培训

一方面,由于法律工作者与精神病医生的学科知识差异,在应对精神病犯罪人的态度方面容易产生相左的态度。前者倾向于对精神病人采取刑事司法性质的处理策略,而后者认为,法律工作者并非评判个体精神状态及安排后续处置的适格主体,在后者看来,精神病人应尽量减少甚至脱离刑事司法体系的处理。二者之争在一定程度上影响着精神病犯罪人的鉴定、强制医疗、各刑事诉讼环节等程序的运行权力,并造成二者关系的紧张。有鉴于此,弥补法律工作者与精神病医生的裂痕,需整合二者的知识架构,造就相互理解与交流的医学法律人或法律医学人的复合型人才。采取的策略应该是强化法律工作者与精神病医生之间的交流与学术讨论,相互探讨法学与医学的发展与前景,增进与加深彼此学科的了解,不断累积共识。另一方面,在司法实践中,司法主体只有具备辨识、理解与缓解精神病人引发危机状况的能力,才可在各刑事诉讼阶段及时发现危机,并提供应对危机的举措。恰当的应对策略来自正确的培训方法,这主要是通过对司法主体开设培训课程,课程内容比如包括如何辨识与理解精神病的症状、药物干预及副作用、危机干预及降低事件的不良反应的能力及联系适当精神健康服务的知识,等等。

四、现实的方案设计

在惩罚与治疗并重理念的统摄下,选择从立法层面、司法层面、媒体预警告知及社会配套制度等路径改革,已从整体构造上初步确立中国精神病人刑事司法处遇机制的改革内容。与整体结构的调整相适应,刑事司法处遇机制的局部环节仍有待完善。具体而言,可从精神病确认、医疗及各刑事诉讼环节等三个方面构筑制度。

(一) 精神病确认制度的改进

根据前文的考察,中国精神病确认制度主要存在鉴定启动任意、鉴定意见的采信不受制约与鉴定内容单一等三个方面的缺陷。据此,可从三方面展开制度改进。

1. 对精神病鉴定的启动应采用相对独立式的审查

我国传统上对精神病鉴定采取附带式的审查程序,在立法方面,在侦查、起诉、审判的过程中,"为了查明案情,需要解决案件中某些专门性问题的时候"[①],公安司法机关可发动鉴定程序。由此可见,精神病鉴定的功能定位是公安、司法机关查证与调查功能,鉴定意见仅是作为控方是否继续控告的依据。当被追诉方对鉴定意见表示异议时,只能向公安、司法机关申请重新鉴定(申请权),最终由公安、司法机关决定鉴定的启动(决定权)。在实践方面,公安、司法机关与被追诉方的发动鉴定的价值观念不同。前者基于查明事实的需要,对精神病鉴定机制从严限制,保守化或犯罪化的色彩浓厚;后者出于保障权利的目的,寄予精神病鉴定争取从宽处罚,也不排除借此逃避惩罚。二者

---

① 参见1996年《刑事诉讼法》第119条及2012年《刑事诉讼法》第144条。

存在根本的对立，但前者强势操纵着精神病鉴定机制的运行，后者难以与前者分庭抗礼。传统依附办案的鉴定启动适用程序既无中立的第三方审查，又无不服拒绝鉴定的救济渠道，呈现非对抗性与非司法性的特点，难以阻却滥用与不当。除此之外，还存在如下弊害：一是鉴定期限不确定，造成被追诉人羁押时间延长。二是鉴定场所为羁押被追诉人的看守所而非精神健康机构，难以保障精神病人的治疗需要。三是鉴定对象的随意性，诱发"被正常人"受到刑事追诉的现象。

这种主要依附于办案需要强调打击犯罪的启动模式，与大陆法系与英美法系的规定存在明显的区别。在大陆法系，精神病鉴定的启动一般由法官依职权决定。根据《德国刑事诉讼法》之规定，为确认被追诉人的精神状态，法官可作出为观察而移送精神病院的命令。对命令不服时可以提出上诉，以拖延决定的执行。依《法国刑事诉讼法》之规定，关于精神病及刑事责任的确认，法官可依职权命令精神病鉴定，观察期限不得超过6周，司法警察或检察官不得行使精神病鉴定之职权。① 检察官或被告人享有精神病鉴定的申请权，但是否同意，由法官决定。如若法官不同意申请，必须提供理由。同时，检察官或被告人还有权对法官拒绝鉴定的决定向上一级司法机关上诉。② 值得注意的是，"尽管法律没有规定对一些严重犯罪（比如杀人、杀婴、儿童性虐待、其他性犯罪、反复纵火等）的行为人进行评估，但在实践中通常会实施。对一些令人震惊的、怪诞的或极端残忍的犯罪同样也是如此。在法国，对实施性犯罪或其他严重犯罪的行为人提供了强制鉴定的原则"。③ 而在英美法系，精神病鉴定由控辩双方自行决定。为庭审呈现有利于己方的证据，控辩双方聘请专家证人出庭质证。由此可见，精

---

① 参见曾淑瑜：《精神病犯罪处遇制度之研究》，载 http://www.moj.gov.tw/public/Attachment/651915295370.pdf，2012年9月1日访问。
② 参见黄丽勤：《司法精神病鉴定若干问题研究》，载《法学评论》2010年第5期，第109页。
③ See Salize et al, "Placement and Treatment of Mentally Ill Offenders—Legislation and Practice in EU Member States", http://ec.europa.eu/health/ph_projects/2002/promotion/fp_promotion_2002_frep_15_en.pdf，2012年9月1日。

神病鉴定的启动均受到一定的规制,大陆法系强调司法性审查,英美法系重视对抗式制衡。显然,两大法系的精神病鉴定的提起不仅是在查明案件事实真相,也在于保障被追诉人的合法权益。

考虑我国关于精神病鉴定启动的立法与实践状况和域外法治国家的经验,笔者以为,对于精神病鉴定及其启动的程序性设计,可从以下方面打造:

(1) 确立精神病鉴定的独立地位与作用

根据《精神疾病司法鉴定暂行规定》,精神病鉴定具有确认责任能力、诉讼能力及服刑能力的目的。与其他法医类鉴定、物证类鉴定与声像资料鉴定存在明显的不同。① 然而,现有刑事诉讼法将各种类型的鉴定混同,未凸显精神病司法鉴定的主体、对象及鉴定意见的审查与认定等方面的特殊性。另外,精神病鉴定因对精神病人身体检查可施以留置处分,然该处分实质上具有限制精神病人自由的功能,而对其启动、期限及监督却是空白,势必对精神病人的权益保障不利。因此,有必要确立精神病鉴定程序的独立性。这包含两个方面的意义:一方面,在性质上,通过《刑事诉讼法》的修改,明确精神病鉴定的性质及具体程序,以此区别于其他鉴定。另一方面,在功能上,既强调精神病鉴定查证的功能,又要增强保障被追诉人权益的功能。这主要体现为对被追诉人的诉讼救济措施,比如限制鉴定留置期限、提供有效的鉴定留置场所及提供对公安、司法机关拒绝鉴定的申诉权等。

(2) 确立精神病鉴定启动的司法规制

我国侦查阶段承担了大量的精神病鉴定工作,而立法对此种容易侵害被追诉人人身自由的干预处分却没有提供任何的规制,不受监督的权力在实际执行中存在许多余量,这既造成许多不确定性的裁决结果,也对精神病人的权益可能产生不当侵害。比如在鉴定留置上,我国立法并无关于鉴定留置的场所及期间的规定。实践中,从鉴定的场

---

① 参见全国人大常委会《关于司法鉴定管理问题的决定》第 2 条与第 17 条。

所来看,多数案件的鉴定是在看守所进行①,少数案件发生在公安机关指定的医院。② 从鉴定留置的期间来讲,多则1个月,少则几天。此种由公安机关自行决定的诉讼程序,势必缺乏正当性。有鉴于此,笔者建议,立法应将精神病鉴定的启动置于检察院或法院的审查之下,确定现代法治国家所倡导的独立式或司法化的审查方式。当然,(准)司法化审查的实施需确定启动鉴定的条件。该条件主要可围绕被追诉人的家族及个人精神病史、作案动机、思维逻辑及表达方式等因素着手考量。除此之外,由于我国司法实践对愈是严重的犯罪,愈有可能不启动精神病鉴定的现象十分突出,往往淡化甚至抹杀精神病与犯罪之间的相关性。因此,可以借鉴德国、法国的经验,对一些诡异、离奇的、残酷虐待的严重犯罪可强制鉴定。

(3) 适当增强鉴定启动的对抗性

公安、司法机关基于查证功能启动鉴定,也有可能出于打击犯罪需要而不启动,因为谁都无义务作出对控诉自己犯罪不利的决定,尤其是能预料到鉴定结果可能是无责的精神病人,且对这些精神病人后续处置无有效应对措施的情况下更是如此。因此,在各诉讼环节,不启动鉴定实属正常,启动鉴定反为例外。在一些案件中,公安、司法机关启动鉴定虽是一种让步与突破,但对鉴定结果是什么以及如何展开后续处理,也是公安、司法机关需要谨慎对待的问题,尤其是在侦查阶段,公安机关应以更加开放的态度面对被追诉方的质询,防止公权力的罪错递增规则的扩张。③ 不过,凭借自身的觉悟及反省制约权力的运作总是显得太过理想,而要真正阻却权力的扩张与伤害,唯有与之

---

① 刑事案件的精神病鉴定一般在看守所进行,这一现象也与陈卫东教授的调研情况相似。参见陈卫东等:《刑事案件精神病鉴定实施情况调研报告》,载《证据科学》2011年第2期,第205页。

② 在邓玉娇案中,警方将邓玉娇送往医院留置观察,并采取保护性约束措施。参见《邓玉娇被固定在床上 不进食靠输液维持》,载 http://news.163.com/09/0519/04/59LADC9S000120GR.html,2012年9月1日访问。

③ 参见萧瀚:《从邓玉娇案看公民社会和法治未来》,载 http://www.infzm.com/content/30226,2012年9月1日访问。

抗争或反对的制度。在精神病鉴定启动问题上,被追诉方的权利过弱,以致根本无法对抗强大的公安、司法机关。对此,有必要适当增加被追诉方的抗辩能量,转移部分举证责任给控方。比如,在一般案件中,被追诉方必须以优势证据证明存在精神异常而需要精神病鉴定;而对一些特定严重犯罪,可申请强制鉴定。同时,立法对满足条件不启动鉴定的情形提供救济措施。当条件满足时,若因怠惰或其他原因未启动鉴定,被追诉方可启动申诉程序。在侦查阶段,可向检察院申诉;在起诉阶段,可向上级检察院或同级法院申诉;在审判阶段,直接向上级法院提出申诉。

(4) 独立式审查的后继保障

精神病人的刑事责任一旦确认,将面临着惩罚抑或治疗的对待。当前我国精神病人的刑事司法处遇机制尚不成熟,尤其是刑事司法机关与精神卫生机构的合作缺失及精神卫生机构与其他社会组织缺乏有效的整合及建构,这些后续保障制度的不足,已使公安、司法机关在启动鉴定问题上感到十分棘手而表现出艰难摇摆的态度。因此,刑事司法体系与精神卫生体系的紧密配合对精神病鉴定的启动能否实现十分重要。

2. 规范鉴定意见的采信制度

前述实践表明,我国公安、司法机关对鉴定意见的采信率较高①,这可能对我国的鉴定制度及公安、司法机关办案造成诸多弊端。一方面,过高的采信率会引发鉴定腐败问题。由于缺乏制约机制,公安、司法机关自行决定鉴定的启动与执行,难以避免损伤"任何人与案件不能有利害关系"此项最低限度的程序正义原则,不受监督作出的鉴定意见的客观性、准确性与可靠性就值得怀疑,容易成为某些人逃避惩罚的幌子。另一方面,公安司法机关过分尊重与依赖鉴定人意见,可能形成鉴定人主导裁决的事态。理论上,鉴定人负责医学问题,公安、

---

① 有学者认为,司法机关对医学鉴定的采信率高达 90% 以上的意见。参见何恬:《重构司法精神医学/法律能力与精神损伤的鉴定》,法律出版社 2008 年版,第 156 页。

司法机关职司法律问题。然而,司法实践出现鉴定人同时解释与评价医学与法律问题。鉴定人权力的放大,将限缩公安、司法机关的裁决权,成为实质意义上处理案件的"法官"。

对此,有必要检讨与改进鉴定意见的采信制度,可从两方面着手:一是遴选鉴定专家,建立对鉴定意见的审查与质证制度。对鉴定意见的审查与质证,可遴选具有一定知识水平及良好品格的专家作为检察官或法官审查的助手,协助分析与评判鉴定意见,甚至可对相关问题进行口头质疑与争辩,以求客观、全面了解鉴定意见的科学性与可靠性。二是对办案人员进行司法精神医学知识的培训。通过聘请司法精神医学专家授课及培训,武装办案人员的头脑,强化办案人员的医学知识储备,实现法律人与医学人的整合。

3. 严格精神病鉴定后的处置制度,并调整鉴定的内容

由于立法对刑事责任的重视,我国精神病确认制度的运行,主要是针对行为人的刑事责任能力的鉴别,确认的结果将关涉行为人是否卷入刑事司法体系及后继处理包括生命或自由的剥夺这一层次分明的法律后果。于是,从公安、司法机关的角度,力争防止被追诉方精神病抗辩的滥用及逃避惩罚。与之相反,被追诉方主要借此达到减免责任的目的。对刑事责任能力的鉴别造成两种截然对立的价值观,在精神病学知识不够成熟的现实面前,更易引发"官"与"民"之间激烈的冲突。此种冲突现象的产生既跟精神病确认内容的单一化有关,也与刑事责任确认后的处置随意性密切相关。为缓解此种冲突现象,可行的方案是:

(1) 严格精神病鉴定后的处置制度,对无责的被追诉人强化控制

实践中,许多无责的行为人被"无罪释放",没有接受任何的限制或治疗,这不仅不利于社会防卫与精神病人的权益保障,也可能助长精神病抗辩的滥用。对此,美国的经验值得借鉴。美国精神错乱辩护提起率低,成功率也低,这主要与对抗制的诉讼构造(如被告方必须提供优势证据证明被告人在作案时罹患精神疾病)及被宣告无罪的人也无法自由(需接受长期甚至高于定罪所判刑期)的两个障碍有关。在

美国看来,因精神错乱辩护成功被宣告无罪的被告人不能不受任何的谴责。① 美国开启了用正当程序控制精神错乱的辩护,即在有限的程序范围内强调入口与出口的制度化控制,自然降低了精神错乱的辩护率及成功率。我国已有的实践,对精神病抗辩在入口控制较为严格,但在出口控制显得宽松,甚至没有任何谴责措施。当前,刑事诉讼法已确立无刑事责任能力人的强制医疗制度,该制度将在一定程度上弥补规制空缺,但良性运行还需要国家相关配套制度的跟进,比如提供医院、资金与人员支持等。另外,无责的被追诉人对被害方的伤害后果严重,国家可提供赔偿及救助制度,以防止被害方对司法处置的不理解而衍生不良事件。

(2) 明确吸纳诉讼能力、服刑能力及危险性评估的内容

我国精神病鉴定重视刑事责任能力的评估,而对诉讼能力、服刑能力及危险性评估关注不够。责任能力与诉讼能力和服刑能力密切相关,无责任能力即无须对后两者评估。但是,也可能出现在诉讼中或服刑中发生精神疾病的情况,责任能力的鉴定显然无法包容二者。责任能力与危险性评估关注点不同,前者强调过去的行为,后者强调未来的行为,即精神病人在监狱服刑或医院治疗后,对其释放后是否具有继续危害社会的可能性进行预测与评价。鉴于责任能力与诉讼能力、服刑能力及危险性评估的显著差异,单方面、高效率地展开刑事责任能力的评估,并不能充分关照刑事诉讼各环节的精神病人权益,同时也不利于公共安全的维护。因此,我国精神病鉴定有必要重视并吸纳诉讼能力、服刑能力及危险性评估机制的内容,作为保障精神病人权益的有益补充。具体而言,可在刑事诉讼制度内将精神病鉴定的种类作具体规定,明确各部分的地位与作用,形成较为系统、全面的精神病鉴定框架。

---

① 参见〔美〕弗兰克:《美国刑事法院诉讼程序》,陈卫东、徐美君译,中国人民大学出版社 2002 年版,第 471—473 页。

(二) 医疗处遇制度的规范

既有的实践考察发现，我国精神病人的医疗处遇机制类型单一化，处遇效果呈现非治疗化的特点。这主要根源于现有制度之不足。结合中国的实践现实状况，围绕《刑法》与新《刑事诉讼法》关于医疗处遇制度之规定，可提出如下建议：

1. 医疗处遇应以国家承担为主

《刑法》规定，不负刑事责任精神病人的看护以社会负担为主，必要是由政府作为补充。一些数据表明，精神病人实施暴力犯罪侵害对象多为亲属、邻居及其他亲近的人员[①]，这也从一个侧面印证了多数精神病人是由家属监护与看管。在当前的中国，与政府组织相比，社会力量过于弱小，精神病人的家属或监护人缺乏资金及设施，对精神病人的监管与治疗效果不佳，往往出现要么放任，要么采用囚禁的极端方法。无论哪种方式，对精神病人的治疗都显得脆弱与无力，而且还可能造成家人、邻居及朋友的生命与财产安全受到威胁。刑法所称"必要性"，也许是在当精神病人实施重大危害社会的案件后，被认为是麻烦的制造者与秩序的搅乱者时，政府才可能启动强制医疗。显然，我国对精神病人治理的态度是一种事后干预与补救，而非主动采取治理方案，防患于未然。

随着出生率降低、人口流动日益突出与人口结构老化，依靠家庭单位监控与治疗精神病人的网络变得更加脆弱，积极寻求国家提供的公共健康医疗服务显得非常必要。在当前我国大政府与小社会的治理模式下，传统上刑法规定的先由家属监管，再由政府强制医疗的思路需要转变，应强调一种从社会自觉向政府统管转变，或政府统管优先于社会自觉的思路。当然，这不是否定社会治理的意义，而是强化政府作为精神病人治疗的前沿阵地的功能。政府应积极面对与解决

---

① 参见孔娣、宋小莉等：《1997年—2006年司法精神病学鉴定案例比较》，载《精神医学杂志》2008年第2期，第128—129页。

社会问题,做到主动早干预、早诊断、早治疗,而不是回避问题与推卸责任。

精神病人的刑事司法处遇机制的建构需要刑事司法体系与精神卫生体系共建一体化的解决方案。目前,我国公共卫生支出并不理想。从医疗费用筹措的角度看,"中国保健总费用(Total Health Expenditure,THE)占 GDP 的比重仅为 5.1%,低于 2010 年低收入国家(6.2%)与高收入国家(8.1%)"①。而且,从我国的 THE 结构来看,"截止到 2004 年,私人医疗保健开支占 THE 的比例为 53.6%"。② 由此可见,"我国财政投入严重不足,医疗保障水平过低,私人卫生支付比例过高,进而造成民众难以获得医疗卫生服务。尤其是对弱势群体保护不足,农村医疗保障待遇很低"。③ 从精神卫生机构建设方面,我国的精神卫生机构呈现层级不清、职责不明与系统整合不够的特点。因此,当前我国不可能完全实现将所有卷入刑事司法体系的精神病人均转向精神卫生体系治疗,作为过渡性的建设方案,需要将一部分治疗任务分配至刑事司法体系中的看守所、监狱及安康医院。未来的精神卫生体系就可能形成多元化与多层级的治疗系统,不仅包括刑事司法体系中司法精神病院诸如监狱医院与安康医院等医院的建设,也应包括社会中各类普通综合医院与专门精神病院的投入。对此,政府必须担当此份重任,加大财政投入,重视农村医疗保障与提高弱势群体

---

① 《中国卫生费用仅占 GDP5% 远低于巴西印度》,载 http://finance.qq.com/a/20120912/006354.htm,2012 年 9 月 1 日访问。
② "THE 的结构主要包括政府财政开支、社会医疗保险金开支与私人自费三种。前两项是公共医疗卫生开支,最后一项是私人医疗卫生开支。世界范围内的趋势是国家经济愈发达,公共医疗卫生开支比例愈高,私人医疗卫生开支比例愈低。因此,低收入与中等收入国家需要完成的任务是扩大公共医疗卫生开支的比例,缩减私人医疗卫生开支的比例。"参见吴敬琏:《公立医院公益性问题研究》,载《经济社会体制比较》2012 年第 4 期,第 16—17 页。
③ 申曙光、马颖颖:《中国医疗保障体制的选择、探索与完善》,载《学海》2012 年第 5 期,第 86—87 页。

的保障水平①,并引领卫生、民政等部门协同共创独立于刑事司法部门的救助与治疗精神病人的社会控制网络,防止精神病人失去安全网而再次返回刑事司法体系。

2. 强制医疗制度的完善

(1) 采用治疗先于保安的原则

强制医疗是一种医疗性强制措施,具有保安与治疗的双重属性,目的在于实现人权保障与社会防御之间的平衡。然而,由于刑法未对强制医疗的性质明确化,实践中容易出现保安执行先于治疗之情形,这对于精神病人的权利造成诸多限制。为避免此种过强干预,实践中应首先尝试通过治疗无法确保危险预防时,才使用保安措施。换言之,治疗应是保安的前置程序,在任何可能存在通过治疗达到执行效果的情况下,都不要轻易放弃治疗优先原则。② 尤其是在病人权利受到保护性约束措施干预下的情况消失后或者病人主动要求撤销保护性约束措施时,更应检视目前保安措施的必要性与适当性,以及是否据此采用干预强度较小的治疗性措施来减少病人的危险性。

(2) 适用的对象范围应扩大

2012 年《刑事诉讼法》确定的强制医疗制度仅适用于依法不负刑事责任的精神病人,笔者以为适用的对象褊狭。理由主要在于:强制医疗从性质来讲,属于兼具保安与治疗意义的强制措施。完成保安与治疗任务的机构,除了专门医院之外,监狱同样具备这样的职能。不负刑事责任的精神病人由于脱离刑事司法体系,保安与治疗只能交由专门的精神健康机构实现,而负完全或部分刑事责任的精神病人最终流向刑事司法体系的末端——监狱——处理。然而,已有刑事司法体系的条件难以满足治疗的需要,所谓的治疗自然是更多偏向惩罚。这

---

① 有研究表明,精神病人在农村犯罪具有一定的比例,参见陈伟华等:《湖南省 1808 例犯罪精神病人司法精神病学鉴定资料分析》,载《中国临床心理学杂志》2012 年第 1 期。因此,加强农村医疗保障水平对精神病犯罪人的医疗处遇相当重要。

② 参见张丽卿:《司法精神医学:刑事法学与精神医学之整合》,中国政法大学出版社 2003 年版,第 300—301 页。

些经过刑事司法体系处理的精神病人的病情并非得到了改善,很有可能更加严重。如果这些精神病人完全由医院治疗,也未必合理,因为刑罚的意义被忽略。单一或分立的惩罚与治疗可能都显得乏力。二者结合的处置更有利于有部分刑事责任能力的精神病人的改造与恢复。这种融合惩罚与治疗于一体的处置程序,就不再单纯是非刑事化的,而是将刑罚与强制医疗混合的一种非刑事化与刑事化的执行方式。另外,那些在诉讼过程中发生精神病,无诉讼能力的被追诉人,或无服刑能力的有社会危险性的精神病罪犯也应该移送强制医疗。① 综上,强制医疗的适用对象除了不负刑事责任的精神病人外,可考虑对暴力犯罪的完全或部分刑事责任的精神病人以及无诉讼能力或无服刑能力的有社会危险性的精神病人,也可适用强制医疗。

(3) 适用医疗性强制措施的种类需细化

确定强制医疗的适用范围后,就需要对不同的精神病人判处适用类型各异的医疗性强制措施。关于这一点,无论是刑法还是刑事诉讼法,均未关注适用医疗性措施类型的问题,但这确实值得思考与厘清。不同等级刑事责任的精神病人实施的犯罪性质各异,社会危险性也有差别,因此,判处的医疗性强制措施应呈现不同梯度,从而体现差别化及个别化的对待。如何对医疗性强制措施类型化,依据何种标准需要进一步厘清。根据法治国家的经验,精神病性质及社会危险性是划分医疗性强制措施的重要标准,换言之,精神病愈严重与社会危险性愈强,医疗性措施的强制程度愈严厉。结合二者考虑,目前可通过司法解释调整,设计带有不同层级的医疗措施,如门诊治疗、普通精神病住院治疗、专门精神病住院治疗及加强监管的专门精神病住院治疗等。②

(4) 设立决定强制医疗的法院组织结构

2012年《刑事诉讼法》规定强制医疗的申请程序可由检察院提

---

① 参见刘白驹:《精神障碍与犯罪》,社会科学文献出版社2000年版,第830页。另参见刘顺启:《刑罚执行修改的积极作用》,载《人民检察》2011年第19期,第59页。

② 参见《俄罗斯联邦刑事诉讼法典》,黄道秀译,北京大学出版社2002年版,第44页。

起,交由法院审查与裁定。法院对鉴定意见如何审查?法院裁定强制医疗的依据是什么?对此的回答,决定着法院的审判组织的结构问题。一般而言,应由鉴定人分析医学问题,法官决定法律问题。但是,在决定强制医疗的裁决时,需要通过审查与评价医学意见给出法律认定。对于鉴定意见的审查,根据既有的法律及司法解释,主要是书面审查。在此种情形下,法院是否采信鉴定意见及采信结果如何,应在判决书中说明理由就显得尤为重要。否则,医学知识缺乏与过于强调保安优先思想的法官,容易跟法律知识薄弱与过于强调治疗优先观念的鉴定人产生紧张关系。在鉴定人甚少出庭的情况下,如若对鉴定意见作出客观与准确的评价,法院组织结构自身须具有科学的、合理的判断能力。有鉴于此,法院在选择合议庭成员时,需要安排作为审判员的精神医学专家出席审判,通过审查鉴定意见向审判长作出解释与说明,如有重大争议,必要时可申请鉴定专家言辞听证。通过医学人与法律人组成的特别法庭,可以避免二者的分歧,汇聚二者的智慧,合理配置二者的权力,使得决定强制医疗的判决的依据更加客观与可靠。

(三) 各刑事诉讼环节制度的建设

在理想情况下,精神病人刑事司法处遇机制运行产生了三种模式,即惩罚、惩罚+治疗与治疗。由于现有立法对刑事诉讼中精神病人权益保护的不足甚至缺位,实践中执法任意。考察立法及实践样态,可以发现我国刑事司法制度并未将精神病人作为特殊人群予以个别对待,而是与一般被追诉人混同处置;也并未明确区分各类精神病人的刑事责任能力,而是将有刑事责任能力与无刑事责任能力的精神病人同等对待;并未区分精神病人犯罪的严重程度,而是将轻罪与重罪案件作同一处理。显然,既有处置呈现混沌面相,且偏重惩罚,而忽视治疗。

从短期效益来看,尽管公安、司法机关通过看守所、监狱控制精神病人,可暂时带来保卫社会的目的,但从长远来看,如若精神病人没有获得充分治疗,可能会产生更严重的暴力行为及其社会危险性。也许,应对精神病人犯罪的根本出路不在于惩罚,而是治疗。然而,当前我国的法治与社会治理状况不适宜大刀阔斧、一蹴而就式地完成由惩罚向治疗的突变,因为突变可能太快,改革成本与代价势必高昂,而可能导致无法实现改革的目标。因此,当前我国应选择包容惩罚与治疗并重理念的处遇机制可能更具现实性与可行性。与此相适应,精神病人在各刑事诉讼环节的处遇制度仍有待完善。

1. 确认"适当成年人"在场制度及适用羁押替代措施

(1)"适当成年人"在场制度。①

无论是轻罪还是重罪案件,倘若没有监护人、家属等人在场,侦查人员不得对患有精神病的犯罪嫌疑人展开讯问,或要求其提供书面供述,除非存在紧急情形,延迟讯问将导致无法消除的危险。对患有精神病的犯罪嫌疑人进行身体检查时,必须"有与其同性别的适当成年人在场,除非被搜查者明确某一特定的异性适当成年人在场;无适当成年人的脱衣搜查仅在紧急情况下进行"。②

(2)采取其他替代处分形式

对于部分责任能力的精神病人实施的轻微刑事案件,因其社会危害性较小,可规定不采取羁押性措施,而通过取保候审、监视居住等处分替代。

2. 明确有部分刑事责任能力的精神病人实施轻罪案件可适用程序分流制度

通过实践运作表明,许多精神病人实施的刑事案件主要是由侦查阶段处理,而且相当一部分数量的重罪案件被警察过滤出刑事司法体系。此种做法是公安机关基于规避责任的观念,更多的是注重被动应急精神病人无法安置的问题,而并未考虑精神病人的权益与社会防卫

---

① "适当成年人"是指亲属、监护人或其他负责照料或监护他的人;有同精神失常或精神障碍患者打交道经验的,但不得是警察或受雇于警方的人;或非上述两种情况时,其他18岁(或以上)的有责任能力的成年人,但不得是警察或受雇于警方的人。参见《英国警察与刑事证据法:警察工作规程》,金城出版社2001年版,第74页。

② 《英国警察与刑事证据法:警察工作规程》,金城出版社2001年版,第76页。

的需要,最后导致精神病人没有受到任何谴责而被释放。因此,此种过滤程序并非正当与有效。实际上,对于部分刑事责任能力的精神病人实施轻罪案件在侦查与起诉阶段,公安机关与检察院可将精神病人附带一定条件而分离出刑事司法体系。此种附带条件的程序分流机制,既可达到社会防卫的目的,也符合精神病人权益保护的需要。程序分流机制可从刑事司法体系与社会救治体系相互协作的角度塑造。

在刑事司法体系方面,应从正当程序铸造。具体而言,可从适用对象与适用条件两方面考虑:在适用对象上,程序分流机制仅限于部分刑事责任能力精神病人实施的轻罪案件。其中轻罪案件是我国《刑法》规定可能判处3年以下有期徒刑、拘役、管制或独立适用附加刑的案件。对于重罪案件,公安机关或检察院应依据《刑事诉讼法》规定的普通程序移交检察院起诉或法院审判。在适用条件上,主要包括实体条件与程序条件。实体条件主要表现为证据确实、充分,足以证明精神病人实施犯罪成立。这需要剔除证据不足以支持起诉,以致定罪与量刑或证据虽能认定犯罪事实但犯罪嫌疑人否认的情形。程序条件主要包括:一是精神病人家属或监护人协助公安机关、检察院提出程序分流决定的理解与决定;二是律师提供法律咨询与帮助;三是精神病人明知、自愿且不受强迫地供述犯罪事实①;四是建立制约公安机关或检察院自由裁量权的救济机制,比如检察院监督、精神病人直接拒绝程序分流附带的条件、被害人申请复议或提出自诉、法院审查等。

在社会医疗体系方面,社会医疗资源支持不足,成为程序分流机制运行的主要障碍。因此,程序分流的后续保障应围绕此方面展开建设,即政府应大力支持精神卫生体系的建设,强化社会医疗资源服务覆盖的密度与广度。从理论而言,精神病人的治疗计划应按照精神状态与案件性质,适用不同梯度的医疗计划。然而,我国已有的精神卫生体系松散与稀疏,精神健康机构分别由卫生、企业、民政、公安等多

---

① 由于精神状况的原因,精神病人在供述时可能提供对自己不利的、不可靠、有误导性的信息,这需要公安机关仔细辨识、审查与谨慎采用。

个系统管理①，此种各司其职的管理体系不利于脱离刑事司法体系的精神病人与治疗资源的衔接与共享，可能造成监督机关相互推诿的局面。为此，政府应加以资助与建设公共医疗体系，形成广泛覆盖各地区的社会医疗网，尤其是注重基层社区医疗服务建设。因为精神病人发案的范围，在县级或乡村地区占有一定的比例，在基层建立医疗服务体系，对于精神病人救治更加具有现实意义。另外，精神卫生体系应当树立不得歧视、虐待实施危害社会的精神病人的理念，主动接纳他们并提供相应的治疗与康复服务，打造多元化、层级化的医疗服务体系。

3. 完善有部分刑事责任能力的精神病人实施重罪案件的治疗制度

精神病人于案发后，卷入刑事诉讼程序至最终判决为止，需经历一段漫长的司法之路。在如此漫长的历程及封闭空间的影响下，罹患精神疾病的被追诉人如果适时未能受到治疗，病情可能恶化。因此，刑事诉讼法应在各环节提供治疗渠道，既是关照精神病人的人权，防止不人道、不文明的对待，也是保障刑事诉讼顺利进行的必要。

(1) 小改方案——看守所与监狱提供评估与治疗

当前我国部分刑事责任能力的精神病人实施重罪后，公安、司法机关通常将他们移送至看守所与监狱处理。② 由于精神病人实施了严重的犯罪，看守所将一直关押他们直至审判，判决下达后，精神病人由看守所移送至监狱。看守所与监狱虽是社会防卫的重要安全网络，但是，监禁将十分不利于精神病人病情的稳定。而且，上锁或隔离可能加剧精神分裂症、抑郁症与焦虑症等病症的暴发。另一方面，相比其他被追诉人，在看守所与监狱羁押的精神病人更有可能被害化。同时，还具有自杀的风险。然而，目前精神病人并没有接受充分的药物和其他形式的治疗，尤其是行为人的病情没有被监管人员认识到。由于对精神病人的筛查与评估等问题缺乏专业、集中的培训，监管人员

---

① 参见(2004年)《关于进一步加强精神卫生工作的指导意见》。
② 尽管在某些案件中，看守所与监狱拒绝接受精神病人。

难以辨识与理解精神病人在接受指示或遵守规定中所获信息产生的异常问题，比如精神病人遇到的困难及产生的不服从行为，可能引发其被过分刺激、隔离及惩罚的结果。显然，传统上作为惩罚性的看守所与监狱对精神病人的权利很容易造成威胁与侵害。为改善精神病人在看守所与监狱的境遇，可从以下两方面应对：

第一，收监时的精神健康评估与治疗。精神健康评估至关重要，大部分看守所与监狱自杀事件发生在入监初期，因此，需要及时识别自杀的危险因素。

首先，需要培训看守所与监狱管理员的认识危机。比如，可通过强制培训课程，教育监管人员提高辨识与理解精神病症状的能力，进而改变对精神病人的惩罚观念。

其次，提供24小时的精神病医生评估，及时应对被监禁人的需求。对一些筛查具有精神健康问题的被追诉人，可安排精神健康专家指挥全面的精神健康评估，比如精神健康史、先前的治疗、药物服用史、精神状态检查、当前诊断、当前药物服用状态，等等。全面的精神健康评估将导致诊断与初步的治疗计划的形成。评估程序是筛选罪犯精神状态的重要手段，也是后继安排精神健康治疗的前置程序。正确与合理的评估程序，已成为设计进一步的治疗计划及释放决定的基础与前提。

再次，为医疗监管的个体提供特殊管理区域。在提供治疗的问题上，安全地点至关重要，直接决定着不同类别精神病罪犯的应对效果。由于精神病罪犯可能具有侵害自身或其他罪犯的风险，单一的或无差别的区域设计显得不太恰当。对精神病罪犯的区域安置，可采用集中与分散的相结合方法应对。所谓集中即是专门设计关押与治疗精神病罪犯的机构，对精神病罪犯提供针对性的治疗及其他特别处理。所谓分散，即是安置精神病罪犯与一般罪犯在同一区域，可增强对精神病罪犯管理的灵活性，同时也可减少标记精神疾病的耻辱烙印。更重要的是，有助于培养精神病人复归社会的能力。

最后，需提供24小时的精神科医生的急诊药物处方，以药物治疗作为主要的应对方式。服用药物需注意两个问题:一是成本与效果之间的平衡,也就是说,服用的药物应是低价高效,同时药物的副作用达到最小化。二是药物服用的专业化管理。未经训练的监管人员由于不能确定药物的正确服用方式,或无法辨识药物可能存在的副作用,易加剧精神病人的症状与危险行为的发生,甚至引发死亡的后果。为杜绝上述不良事件,通过招收专业医务人员帮助与审查药物的管理、服用与更换,以此提高治疗的效果与质量是必要的。

第二,提供各类治疗服务项目。除了药物治疗之外,还可设计一系列服务计划以满足各类精神病罪犯的需要。此种干预服务,主要包括改善个体行为、培训独立生活能力及其他改造回归社会正常生活等内容。同时,也可对不同类别(性别、年龄及精神病类型)的精神病罪犯提供个案管理服务,协助个体获得全面性且整合性的高质量服务。需要注意的是,在精神病罪犯治疗过程中,应注意个体隐私权的保护。未经个体允许,医务人员获取的信息仅限于医疗信息,比如精神健康历史、治疗方案、药物等。这些医疗信息将有助于精神卫生人员评估和选择有效的治疗方案。况且,个体在不同的精神卫生机构与刑事司法机构移送,复制医疗信息可对未来治疗作出参考。

(2) 大改方案——治疗与监禁共处,尽可能突出治疗的优先位序

随着看守所和监狱精神卫生服务的逐步推行,问题也随之而来。这主要产生在三个方面:一是治疗效果不佳。看守所与监狱是惩罚与改造之场所,自身拥有的医疗资源并不充分。在此种封闭且医疗资源不足的环境下,提供医疗服务的效果可能就比较有限。二是治疗费用的增长。与其他被监禁的罪犯的治疗费用相比,精神病罪犯花费较高。三是精神病人刑事化突出。精神病人虽能在看守所与监狱获得一定的治疗,但又强化了精神病人的刑事化,这对精神病人复归社会带来诸多不便。上述问题表明,看守所与监狱的治疗并非长期且有效的应对精神病人的方案。有鉴于此,政府有必要加大对精神卫生体系的建设费用的投入,以扩展精神卫生机构的床位,减少或替代看守所和监狱的治疗服务。对精神病人而言,这些努力不仅弱化了刑事化处

理,也减少了刑事司法系统的花费。

具体而言,一方面,可将在看守所关押的部分刑事责任能力的精神病人转移至安康医院治疗,在法院量刑后,如若病情还未稳定,可继续在安康医院治疗,治疗期限折抵刑罚期限。如若病情稳定,可入监服刑。另一方面,可建立监禁与治疗共处精神病人的模式,同时强调治疗优先于监禁。对已经入监服刑的精神病罪犯,如若监狱医院治疗效果不彰,且社会危险性高,可移送专门负责保安与治疗的安康医院强制医疗,待病情稳定后再返回监狱服刑,甚至如果治疗期限超过刑罚期限,可不再适用刑罚。① 在笔者看来,长期的监禁刑既没有给公众带来利益,也无益于精神病人权益的保护。一方面,长期监禁的本意是保护公共安全与限制精神病人的身体使其丧失犯罪能力。但是,在监禁环境中,精神病人的危险性没有变化,获得的治疗也并不充分。因此,监禁后的精神病人仍然具有重新犯罪的危险,社会防卫的目的没有实现。另一方面,长期监禁对精神病人不利。对一般罪犯而言,量刑能够产生威慑、剥夺能力及改造的作用,其最终目的是运用刑罚减少犯罪。② 对暴力犯罪的精神病人来说,量刑难以产生威慑性,仅具备剥夺能力及改造的功能。但长期监禁显然仅是强化限制精神病人犯罪的能力,没有顾及其复归社会的能力。

4. 增设特别法庭的修复程序

精神病人属于特殊的犯罪主体,对其审判与量刑需涉及精神医学与法学知识之交叉,非精神医学人或法律人独立完成之事业,因此,设立结构多学科知识背景的特别法庭实有必要。然则法院单独建立一特别法庭也存有浪费司法资源与造就机构臃肿之虞,似乎又不尽合理。为兼顾两端,可对既有条件如少年法庭进行改造,形塑专门处理

---

① 卢建平教授指出,在刑罚与强制治疗同时执行的情况下,治疗期间过长无法体现罪刑相适应的原则。卢建平提出了治疗期限不能完全折抵刑罚,法律应规定刑罚执行下限的观点。参见卢建平:《中国精神疾病患者强制医疗问题研究》,载《犯罪学论丛》2008年第6卷。

② 参见〔美〕弗兰克:《美国刑事法院诉讼程序》,陈卫东、徐美君译,中国人民大学出版社2002年版,第548页。

特殊群体的特别法庭,这种法庭既可审理精神病人的案件,也可处置未成年人、老年人等特殊群体涉嫌的案件。只是对于各类特殊群体特别法庭的名称及组成人员应有差异,就精神病人审判而言,特别法庭就成为精神卫生法庭,其选择的成员应具有精神医学知识与法学知识,即一般三人组成的合议庭成员中,审判长应是法律人,审判员可以是法律人、医学人或均为医学人。在评议案件过程中,各主体承担的角色应是:精神医学人提供医学意见,法律人决定最终裁判。

关于特别法庭对精神病人的处理,域外法治国家较为成熟。以美国为例,对一些被指控轻微犯罪的精神病人,法院可直接提供治疗计划,而无须完成整个审判程序。基于解决精神病人问题的法院,主要是借助精神卫生法庭实现。与传统法庭运用法律或程序强调定罪与量刑的目的不同,精神卫生法庭均是以解决问题的理念为指引,工作性质不再是惩罚而是提供帮助。适用对象几乎是具有严重精神障碍症状及实施无暴力犯罪面临轻罪指控的被告人,且先前无暴力犯罪的前科记录,仅个别法庭接收实施无暴力的重罪被告人。[①] 根据被告人的个体差异,精神卫生法庭主要采用非对抗式程序,同时吸收精神病学知识处理精神病人面临的难题,通过强化法院与精神健康机构的合作,提供诸如药物管理、住房、工作培训及精神健康恢复性训练等服务,为同意参与法院提供的服务计划的被告人作出撤销指控或延迟量刑的决定,达到阻止被告人刑事化及构成累犯的目标。每一个精神卫生法庭在接受轻罪的被告人参与提供的计划时,法院往往施加一定期限的监督(一般是1至3年),要求参与计划的被告人频繁到庭确认治疗的进度。对于不坚持治疗的被告人,精神卫生法庭很少运用判处监禁的惩罚方式,往往选择增加出庭次数、谴责、警告、严格的治疗条件

---

① 圣贝纳迪诺法庭是唯一接受实施重罪而面临相对严重指控的被告人的法庭。See Goldkamp and Irons-Guynn, "Emerging Judicial Strategies for the Mentally Ill in the Criminal Caseload:Mental Health Courts in Fort Lauderdale, Seattle, San Barnardino, and Anchorage", Washington, D. C. : U. S. Department of Justice, Office of Justice Programs, Drug Courts Program Office,2000.

及社区服务替代制裁。① 实践证明,精神卫生法庭可以减少精神病的暴力犯罪率,有助于精神病人重新回归社会生活与维护社会公共安全。

我国法院充当职权抑制的角色,控辩双方并非"以庭审为中心"展开诉讼攻防活动,诉讼程序呈现非对抗性。此种特征与美国精神卫生法庭的运作具有一定的亲缘性。因此,我国特别法庭的运作可适当借鉴外国的经验。

首先,特别法庭的修复功能主要在应对精神病人实施的轻微案件,即主要针对可能判处3年以下有期徒刑、拘役、管制的案件。对精神病人实施的暴力犯罪,特别法庭主要体现为对鉴定意见的审查与采信,而不具有修复作用。这主要是由于特别法庭的职权性与非对抗性色彩浓厚,将阻碍实施暴力犯罪的精神病人的抗辩,不利于精神病人权益的维护。

其次,在量刑前,特别法庭可将部分刑事责任能力的精神病人分流出刑事司法体系,转移至地方精神卫生机构治疗安排门诊治疗或社区医疗。同时,法院作出附带一定期限的监督决定,要求当地公安机关对精神病人的治疗予以监督。如果精神病人顺利完成治疗,指控将撤销。对于不服从治疗计划的精神病人,可安排严格的治疗条件,如强制医疗。

最后,可对精神病人判处附带治疗的缓刑,以替代监禁刑。如若精神病罪犯在缓刑期间完成了一定计划的治疗,病情得以改善并稳定,可不再执行刑罚。当罪犯在考验期内违背治疗计划时,可限定更加严格的治疗条件。

特别法庭运作程序已逐渐改变、偏离、软化传统刑事司法制度对被告人的惩罚特质,正努力使现代刑事司法制度朝向治疗性或恢复性司法的目标迈进。当然,特别法庭并非解决精神病人的完美方法,许

---

① Griffin et al, "The Use of Criminal Charges and Sanctions in Mental Health Courts", Psychiatric Services, Vol. 53, No. 10:1285—1289(2002).

多问题仍然没有解决而处于探索阶段,比如暴力犯罪的精神病人如何适当安排治疗计划,经过修复性措施调整但无效的个体如何改进方案,等等。然而,一个可能的趋势是,随着精神病学知识的丰富与发展,特别法庭对精神病人将会发生日益显著的影响,刑事司法制度应对精神病人会受到更多的限制,恢复性策略可能成为主要解决问题的方式而走向前台。

5. 适用刑事和解制度

2012年《刑事诉讼法》第277条对刑事和解的案件范围进行了限定,依据该条款,精神病人犯罪不适用刑事和解制度。然而,在笔者看来,对于精神病人实施的轻罪或非暴力犯罪,若精神病人的悔罪态度与积极承担责任的行为能够获得被害人认可,被害人自愿和解并与加害人达成协议,也应属于刑事和解。原因在于:

(1)精神病人的轻微犯罪社会危险小,和解之后的处罚如撤案、不批捕、不起诉和从轻量刑等不会增大社会公共安全的风险。

(2)精神病人若依照通常的刑事诉讼程序侦、诉、审,不利于其精神状况的恢复,也会加大司法成本的耗费。

(3)精神病人的从宽处理不仅反映了传统处置具有的惩罚与教育意义,更重要的是映射了精神病人作为"病人"的角色所施以的治疗与救助意义,且这种疗救已被赋予实质性的内容,比如附带治疗计划的暂缓起诉、缓刑等形式。这为刑事和解制度增加了新的内涵,即公安司法机关对精神病人不仅从宽处罚,同时还会配置一定可恢复性的治疗计划,包含惩罚与救助两种性质,将突破传统单一处罚犯罪嫌疑人、被告人理念的刑事和解制度,是对精神病人这一类特殊犯罪主体处置制度的新阐释与新实践。

6. 确立附条件的释放制度

关于精神病人的释放,无论是治疗还是监禁,我国立法并无相关规定。在理想情况下,释放与进入社区应该是渐进的。① 这主要是考虑到精神病人可能对社会安全的威胁,同时也是帮助在封闭空间留置过长时间的精神病人尽快适应社区生活的需要。因此,在释放前,需进行危险性评估以及根据评估结果附带一定条件的释放。

(1) 决定释放的主体

正如前述,在域外法治国家,决定精神病人释放的主体主要是法院或中立的审查委员会。这些机构根据精神病医生的评估结果,决定是否释放以及附带何种条件释放。在当前,我国法院具有委托精神病鉴定的权力,如若再行成为决定释放的主体,唯恐权力过于集中而产生不公正问题。为此,可在省级或地区政府建立独立于公、检、法的精神健康审查委员会,该委员会成员应不少于5人,由1名法官任主席,至少还包括1名精神病医生。

(2) 决定释放的条件

由于有条件释放主要是考虑消除危险与病人回归社会的需要,因此,附加的条件应是具有恢复性与适应性的特质。一般而言,附加门诊治疗应是释放后强制履行的义务,同时对一些严重犯罪还需要医生或公安机关定期后续的跟进访问,以确认精神病人的精神状态以及治疗状况。当然,还可以附加诸如远离被害人,不能离开居住地,要求参加工作、职业康复计划等条件,进而达致减少社会危害性与增强社会适应性的目的。

(3) 决定释放的后续安置

在精神病罪犯释放计划运行之前,必须提供全面而系统的从刑事司法系统移交社区治疗服务的计划。该移交计划应包括药物供给、连接精神健康机构及提供住房服务等内容。但是,精神病罪犯被贴上"有病又有罪"的双重耻辱的标签,找寻给他们提供治疗、住房与其他服务的社会机构将变得更加困难,复归社会也会更难。在这种情况

---

① Melamed, "Mentally Ill Persons Who Commit Crimes: Punishment or Treatment?", The Journal of the American Academy of Psychiatry and the Law, Vol. 38, No. 1:102(2010).

下,精神病罪犯出现了诸如无家可归、无业、停止服药等技术性违反条件的行为就会增多。对违背监督条件的精神病罪犯,可根据不遵守监督条件的程度,逐渐增加治疗干预的层级,从而作出满足精神病罪犯特别需要且兼具合理的裁量方案。当然,此种缺乏监督的移交计划的顺利实现,取决于各地社区精神健康资源的充分性与有效性。我国精神卫生体系已将精神病患者尤其是重性精神病人的救治重点转向基层卫生机构,欲建构医院与社区一体化的整合服务。对于精神病罪犯回到社区,社区卫生服务体系应建立档案、定期监管、指导服药及康复等工作。不过,社区精神科医生缺乏且工作负担重仍是突出问题。因此,政府应提供政策支持与资金赞助,给社区精神卫生机构提供医疗经费保障精神病罪犯的治疗与服务问题,帮助社区卫生服务机构完成对精神病人的救治工作。

结 语

随着精神医学不断向刑事司法领域渗透,促使了医学化司法的产生。在医学化司法的背景下,精神病人刑事司法处遇机制已发生了重大变化,处遇理念由单一的惩罚向惩罚与治疗共处转变,处遇对象由单纯的病人向复合的精神病罪犯转变,处遇程序由实现形式正义向实质正义转变。然而,医学化司法也带来了诸多显著问题,那就是司法正义面临危机与司法裁判的不稳定性。域外法治国家进行了有益探索,主要通过立法解释与司法审查两个方面克服医学化司法所带来的弊端。从立法上,较为明确地区分了司法权力与医学权力的界限,使得精神病人刑事司法处遇机制遵循法律保留原则;从司法上,力求缩减精神病人处遇程序的弹性,强化刑事司法与精神卫生两大体系的协作。无论是立法调整,还是司法规制,均在于使司法机关与医学机关在权力运作中避免对精神病人的权益造成不当损害,从而在刑事司法体系抑或精神卫生体系中都能形成对精神病人权益特殊保护的格局。

在中国社会语境下,精神病人作为特殊的犯罪主体,在刑事司法活动中应受到差别对待及宽缓处置。然而,当前精神病人的刑事司法处遇机制在社会防卫与精神病人权益保障方面均存在不妥之处,在价值上更突出对精神病人的惩罚及社会防御,而没有充分提供治疗服务或恢复性的策略。未来建设构想应是在整体构造上坚持惩罚与治疗并重的理念,在局部环节上强调动态均衡理念。就整体设计而言,可从立法、司法、媒体预警告知及社会配套制度等方面着手。

首先,在立法上,完善《刑法》《刑事诉讼法》与《精神卫生法》,对卷入刑事司法体系的精神病人赋予确定且有效的防御权利,以对抗强大的公权力行使无边际可能造成的侵害。尤其需要强化刑事诉讼中对精神病人的保护,可进一步修改《刑事诉讼法》,譬如完善特别程序中关于精神病人保护的规定,明确精神病人在侦查、起诉、审判、执行、医疗等环节的权利,从而真正树立保护精神病人权利的理念,在价值取向上实现惩罚向保护的系统化转型。

其次,在司法上,使用司法技术填补立法之空白,针对个案给出恰当的司法判例,以指引类似案件的处理。在司法裁判中,改造与变革传统司法所具有的制裁功能,明确司法裁判的治疗或恢复作用,致力于促进精神病人回归社会的目标。

最后,需要注意的是,司法裁量需弱化甚至消弭精神病学对刑事司法的负面影响,一是建议医学权力的干预必须遵循比例原则与必要性原则;二是确立定期司法审查的制度,对可能不当或过度干预个体权益的行为予以监督与规制。

再次,确立媒体预警告知制度。一方面,通过媒体宣传,使社会各界认同精神病学对司法的影响。另一方面,普及精神卫生知识,使民众理解精神病罪犯,并让自身远离精神疾病。

最后,社会配套制度的调整。一是完善精神病犯罪人的社会保障体系,给予精神病犯罪人更多的关爱与扶助。二是完善被害人救助体系,给予被害方物质帮助与精神抚慰。三是完善法律工作者与精神病医生的教育与培训机制。

在整体结构上确立了中国精神病人刑事司法处遇机制的改革内容后,有必要从刑事司法处遇机制的局部环节建设相关制度,以配合整体结构的调整。具体而言,可从精神病确认、医疗及各刑事诉讼环节等三个方面构筑制度。在精神病确认制度方面,对精神病鉴定的启动应采用相对独立式的审查,规范鉴定意见的采信制度及调整精神病鉴定的内容。在医疗处遇制度方面,强化政府责任担当与完善强制医疗程序。在各刑事诉讼环节方面,确认"适当成年人"在场制度及适用羁押替代措施,对部分刑事责任能力精神病人实施的轻罪案件适用程序分流,完善部分刑事责任能力精神病人实施重罪案件的治疗制度,增设特别法庭的修复程序,适用刑事和解制度,确立附条件的释放制度。

  需要说明的是,精神病人进入刑事司法体系原本是不正常的社会现象,这主要是社会控制机制失灵及社会服务纽带断裂的结果。使精神病人摆脱刑事司法体系的纠缠,建立一套系统、完备与有效的社会控制及充分的社会资源供给机制十分必要。对此,政府有必要创造根本性与实用性的方法解决问题,社会大众也有必要认真看待这个问题。毕竟,怎么对待作为社会中的精神病人,社会全体与每个人的观念与态度十分重要。应对精神病人犯罪问题,预防仍然是最好的治疗。唯有整个国家的社会控制与社会服务机制正当与有效,精神病人才不会陷入逮捕、监禁与治疗的旋转门综合症的怪圈。

参考文献

一、英文资料

1. Melamed, "Mentally Ill Persons Who Commit Crimes: Punishment or Treatment?", The Journal of the American Academy of Psychiatry and the Law, Vol. 38, No. 1, 2010.

2. "Developments in the Law—The Law of Mental Illness", Harvard Law Review, Vol. 121, 2008.

3. Munetz et al, "Use of the Sequential Intercept Model as an Approach to Decriminalization of People With Serious Mental Illness", Psychiatric Services, Vol. 57, No. 4, 2006.

4. Teplin, "Criminalizing mental disorder:The comparative arrest rate of the mentally ill", American Psychologist, Vol. 39, No. 7, 1984.

5. Borum et al, "Police Perspectives on Responding to Mentally Ill People in Crisis: Perceptions of Program Effectiveness", Behavioral Sciences and the Law, Vol. 16, No. 4, 1998.

6. Engel and Silver, "Policing Mentally Disordered Suspects: a Reexamination of the Criminalization Hypothesis", Criminology, Vol. 39, No. 2, 2001.

7. Ruiz and Miller, "an Exploratory Study of Pennsylvania Police Officers' Perceptions of Dangerousness and Their Ability to Manage Persons with Mental Ill-

ness", Police Quarterly, Vol. 7, No. 3, 2004.

8. Wells and Schafer, "Officer Perceptions of Police Responses to Persons with a Mental Illness", Policing: An International Journal of Police Strategies and Management, Vol. 29, No. 4, 2006.

9. Steadman et al, "Comparing Outcomes of Major Models of Police Responses o Mental Health Emergencies", Psychiatric Services, Vol. 51, No. 5, 2000.

10. Hails and Borum, "Police Training and Specialized Approaches to Respond to People With Mental Illnesses", Crime and Delinquency, Vol. 49, No. 1, 2003.

11. Draine et al, "Describing and Evaluating Jail Diversion Services for Persons with Serious Mental Illness", Psychiatric Services, Vol. 50, No. 1, 1999.

12. Perez et al, "Reversing the Criminalization of Mental Illness", Crime and Delinquency, Vol. 49, No. 1, 2003.

13. Sirotich, "The Criminal Justice Outcomes of Jail Diversion Programs for Persons With Mental Illness: A Review of the Evidence", The Journal of the American Academy of Psychiatry and the Law, Vol. 37, No. 4, 2009.

14. McNiel and Binder, "Effectiveness of a Mental Health Court in Reducing Criminal Recidivism and Violence", Am J Psychiatry, Vol. 164, No. 9, 2007.

15. Griffin et al, "The Use of Criminal Charges and Sanctions in Mental Health Courts", Psychiatric Services, Vol. 53, No. 10, 2002.

16. Martin Humphreys, "Aspects of Basic Management of Offenders with Mental Disorders", Advances in Psychiatric Treatment, Vol. 6, 2000.

17. Giedr? Baltrušaityt?, "Psychiatry and the Mental Patient: An Uneasy Relationship", Culture and Society: Journal of Social Research, No. 1, 2010.

18. Teplin, "Keeping the Peace: Police Discretion and Mentally Ill Persons", National Institute of Justice Journal, No. 244, 2000.

19. Wexler, "Therapeutic Jurisprudence and the Criminal Courts", William and Mary Law Review, No. 1, 1993.

20. Poythress et al, "Perceived coercion and procedural justice in the Broward mental health court", International Journal of Law and Psychiatry,

No. 25, 2002.

21. T. Wing Lo and Xiaohai Wang, "Policing and the mentally ill in China: challenges and prospects", Police practice and research: an international journal, No. 4, 2010.

22. Xie bin, "China's forensic psychiatry and its role in criminal justice system", world cultural psychiatry research review, No. 10, 2007.

23. Goldkamp and Irons-Guynn, "Emerging Judicial Strategies for the Mentally Ill in the Criminal Caseload: Mental Health Courts in Fort Lauderdale, Seattle, San Bernardino, and Anchorage", Washington, D. C.: U. S. Department of Justice, Office of Justice Programs, Drug Courts Program Office, 2000.

二、外国法典

1. 《法国新刑法典》,罗结珍译,中国法制出版社2003年版。
2. 《德国刑法典》,徐久生、庄敬华译,中国法制出版社2000年版。
3. 《日本刑法典》,张明楷译,法律出版社2006年版。
4. 《英国警察与刑事证据法:警察工作规程》,金城出版社2001年版。
5. 《俄罗斯联邦刑事诉讼法典》,黄道秀译,北京大学出版社2002年版。

三、外文译著

1. 麦高伟等:《英国刑事司法程序》,姚永吉等译,法律出版社2003年版。
2. 〔法〕米歇尔·福柯:《古典时代疯狂史》,林志明译,生活·读书·新知三联书店2005年版。
3. 〔法〕米歇尔·福柯:《不正常的人》,钱翰译,上海人民出版社2010年版。
4. 〔法〕米歇尔·福柯:《规训与惩罚》,刘北成、杨远婴译,生活·读书·新知三联书店1999年版。
5. 〔美〕艾里克斯·宾恩:《雅致的精神病院——美国一流精神病院里的死与生》,陈芙扬译,上海人民出版社2007年版。
6. 〔意〕恩里科·菲利:《犯罪社会学》,郭建安译,中国人民公安大学出版社2004年版。

7.〔英〕布莱克本:《犯罪行为心理学:理论研究和实践》,吴宗宪等译,中国轻工业出版社2000年版。

8.〔美〕弗兰克:《美国刑事法院诉讼程序》,陈卫东、徐美君译,中国人民大学出版社2002年版。

9.〔意〕加罗法洛:《犯罪学》,中国大百科全书出版社1996年版。

10.〔日〕樱井哲夫:《福柯——知识与权力》,姜忠莲译,河北教育出版社2001年版。

11.〔日〕西田典之:《日本刑法总论》,刘明祥等译,中国人民大学出版社2009年版。

12.〔美〕布莱恩·福斯特:《司法错误论:性质、来源和救济》,刘静坤译,中国人民公安大学出版社2007年版。

13.〔英〕罗伯特·雷纳:《警察与政治》,易继苍、朱俊瑞译,知识产权出版社2008年版。

14.〔德〕克劳思·罗科信:《刑事诉讼法》,吴丽琪译,法律出版社2003年版。

四、中文论著

1. 陈卫东等:《司法精神病鉴定刑事立法与实务改革研究》,中国法制出版社2011年版。

2. 黄丽勤:《精神障碍者刑事责任能力研究》,中国人民公安大学出版社2009年版。

3. 张丽卿:《司法精神医学:刑事法学与精神医学之整合》,中国政法大学出版社2003年版。

4. 刘白驹:《精神障碍与犯罪》,社会科学文献出版社2000年版。

5. 汪民安:《福柯的界线》,南京大学出版社2008年版。

6. 吴猛、和新风:《文化权力的终结:与福柯对话》,四川人民出版社2003年版。

7. 马克昌:《近代西方刑法学说史略》,中国检察出版社1996年版。

8. 林钰雄:《刑事法理论与实践》,中国人民大学出版社2008年版。

9. 何恬:《重构司法精神医学/法律能力与精神损伤的鉴定》,法律出版社

2008年版。

10. 左卫民:《刑事诉讼的中国图景》,生活·读书·新知三联书店2010年版。

11. 左卫民等:《中国刑事诉讼运行机制实证研究》,法律出版社2007年版。

12. 左卫民等:《中国刑事诉讼运行机制实证研究(二):以审前程序为重心》,法律出版社2009年版。

13. 郭松:《中国刑事诉讼运行机制实证研究(四):审查逮捕制度实证研究》,法律出版社2011年版。

14. 吴宗宪:《非监禁刑研究》,中国人民公安大学出版社2003年版。

五、中文论文

1. 左卫民:《中国刑事诉讼模式的本土构建》,载《法学研究》2009年第2期。

2. 卢建平:《中国精神疾病患者强制医疗问题研究》,载《犯罪学论丛》2008年第6卷。

3. 赵秉志:《精神障碍与刑事责任问题研究》,载《云南大学学报(法学版)》2001年第3期。

4. 陈光中、王迎龙:《创建刑事强制医疗程序 促进社会安定有序》,载《检察日报》2012年4月11日。

5. 刘方:《精神病人强制医疗程序:非刑事处分诉讼方式》,载2012年5月2日《检察日报》。

6. 张爱艳:《精神障碍者刑事责任能力的判定》,中国人民大学2010年博士论文。

7. 胡泽卿、刘协和:《司法精神病学鉴定后的处理情况调查》,载《法律与医学杂志》1998年第2期。

8. 张广政等:《河南省刑事案件司法精神病学鉴定案例的随访研究》,载《法医学杂志》2006年第2期。

9. 赵环:《从"关闭病院"到"社区康复"——美国精神卫生领域"去机构化运动"反思及启示》,载《社会福利》2009年第7期。

10. 汪祥胜:《"精神病罪犯"的诞生与治理的转型》,载《苏州大学学报(哲学社会科学版)》2010 年第 2 期。

11. 何恬:《英美两国对精神病人刑事责任能力评判的演变》,载《证据科学》2008 年第 1 期。

12. 蔡维力:《刑事程序多元化与刑罚相对个别化的契合——论刑事司法改革对现代刑罚观的应然回应》,载《法律科学》(西北政法大学学报)2012 年第 1 期。

13. 张丽卿:《精神鉴定的问题与挑战》,载《东海大学法学研究》第 20 期。

14. 程雷:《肇事精神病人强制医疗程序如何构建》,载 2011 年 8 月 17 日《检察日报》。

15. 储皖中:《"吉林导游丽江行凶案"续 再次进行精神病鉴定》,载 2007 年 9 月 20 日《法制日报》。

16. 蒋瞰:《疯狂男子体彩中心行凶》,载 2008 年 7 月 1 日《今日早报》。

17. 丁原波:《买彩票导致精神分裂后杀人?》,载 2009 年 3 月 26 日《今日早报》。

18. 《背着两杆猎枪见人就杀 子弹不够就用柴刀砍》,载 2009 年 12 月 14 日《东方日报》。

19. 陈磊:《"刘爱兵案"背后的精神病悬疑》,载 2010 年 6 月 12 日《南方人物周刊》。

20. 《河南光山 23 名学生被砍伤案追踪 检察机关要求对嫌疑人做精神病鉴定》,载 2012 年 12 月 18 日《检察日报》。

21. 张仁平:《让正义来得更快些——福建南平"3·23"特大凶杀案追踪》,载 2010 年 4 月 21 日《检察日报》。

22. 林勇、胡泽卿等:《广东、四川两地鉴定机构 2916 例司法精神病学鉴定资料对照分析》,载《广州医药》2008 年第 1 期。

23. 孔娣、宋小莉等:《1997 年—2006 年司法精神病学鉴定案例比较》,载《精神医学杂志》2008 年第 2 期。

24. 李良杰:《48 例凶杀案司法精神病鉴定分析》,载《上海精神医学》1998 年第 4 期。

25. 梁郁彬：《凶杀案司法精神病鉴定 34 例处理结果调查》，载《中国民政医学杂志》1995 年第 4 期。

26. 柴会群：《精神病人被判刑入狱：一路绿灯！》，载 2011 年 9 月 15 日《南方周末》。

27. 马静华：《侦查权力的控制如何实现——以刑事拘留审批制度为例的分析》，载《政法论坛》2009 年第 5 期。

28. 赵震：《看守所功能之应然定位》，载 2011 年 6 月 8 日《法制日报》。

29. 《精神病人犯罪暴露法律盲点》，载 2008 年 12 月 30 日《河南法制报》。

30. 蔡巍：《附条件不起诉对精神病人实施轻罪案件的程序分流》，载《政法论坛》2011 年第 3 期。

31. 侯晓焱：《起诉裁量权行使状况之实证分析》，载《政治与法律》2009 年第 3 期。

32. 《患有精神病无服刑能力的罪犯该如何处理？》，载《人民检察》2004 年第 1 期。

33. 吕成荣等：《服刑罪犯精神障碍患病率调查》，载《临床精神医学杂志》2003 年第 4 期。

34. 杜向东：《34 例服刑能力司法精神病鉴定分析》，载《四川精神卫生》2009 年第 2 期。

35. 曹威：《87 例服刑能力司法精神医学鉴定分析》，载《临床精神医学杂志》2003 年第 5 期。

36. 陈致宇等：《88 例服刑犯人的司法精神医学鉴定的分析》，载《法医学杂志》2003 年第 4 期。

37. 陈强等：《司法精神医学服刑能力鉴定 215 例的资料分析》，载《四川精神卫生》2005 年第 2 期。

38. 黄富颖等：《服刑能力司法精神鉴定研究》，载《法医学杂志》2000 年第 1 期。

39. 吕成荣等：《1002 例服刑人员精神障碍鉴定资料分析》，载《上海精神医学》2009 年第 2 期。

40. 陈小林：《精神病罪犯管理研究——以江苏省监狱系统为例》，苏州大学 2011 年硕士论文。

41. 王亚辉等:《精神分裂症与司法精神病鉴定》,载《法医学杂志》2007 年第 1 期。

42. 卢学龙:《监狱医疗风险的防范》,载《江苏卫生事业管理》2007 年第 3 期。

43. 杨涛:《"保外就医"亟待司法审查程序》,载 2011 年 11 月 1 日《成都商报》。

44. 沈松涛:《监狱医疗费用改革研究——以杭州市某监狱为例》,中国社会科学院 2010 年硕士论文。

45. 张苏民:《重性精神病人可申请免费治疗》,载 2007 年 10 月 13 日《海南日报》。

46. 徐涛:《病人"只进不出",精神病院成"养老院"》,载 2011 年 4 月 11 日《南京日报》。

47. 陈洁娜:《是精神病院还是看守所?》,载《南方日报》2004 年 4 月 28 日。

48. 陈卫东、程雷:《司法精神病鉴定基本问题研究》,《法学研究》2012 年第 1 期。

49. 刘海明:《精神病鉴定证明缘何成了"杀人执照"》,载 2002 年 7 月 3 日《检察日报》。

50. 于建嵘:《当前压力维稳的困境与出路——再论中国社会的刚性稳定》,载 2012 年第 9 期《探索与争鸣》。

51. 胡泽卿、刘协和:《精神病违法者的刑事责任能力与犯罪特征》,载《临床精神医学杂志》2000 年第 1 期。

52. 张笑天:《美国医疗保险制度现状》,载《国际医药卫生导报》2003 年第 1 期。

53. 黄丽勤:《司法精神病鉴定若干问题研究》,载《法学评论》2010 年第 5 期。

54. 陈卫东等:《刑事案件精神病鉴定实施情况调研报告》,载《证据科学》2011 年第 2 期。

55. 吴敬琏:《公立医院公益性问题研究》,载《经济社会体制比较》2012

年第 4 期。

56. 申曙光、马颖颖:《中国医疗保障体制的选择、探索与完善》,载《学海》2012 年第 5 期。

57. 陈伟华等:《湖南省 1808 例犯罪精神病人司法精神病学鉴定资料分析》,载《中国临床心理学杂志》2012 年第 1 期。

58. 刘顺启:《刑罚执行修改的积极作用》,载《人民检察》2011 年第 19 期。

59. 张倩:《我国精神病患者犯罪持续上升 法律盲区执法尴尬》,载 2010 年 4 月 1 日《北京青年报》。

60. 〔法〕米歇尔·福柯:《法律精神病学中"危险个人"概念的演变》,苏力译,载《北大法律评论》1999 年第 2 辑。

61. Paul Weindling:《精神病学与纳粹暴行》,陈晓岗译,载《国外医学·精神病学分册》1993 年第 1 期。

六、网络资料

1. 《佛山灭门案凶犯因患精神病被判死缓》,载 http://news.sina.com.cn/c/l/2007-11-22/013514359077.shtml。

2. 《导游丽江砍人案开庭 公诉人质疑疑犯患精神病》,载 http://news.eastday.com/s/20071214/u1a3289053.html。

3. 《禄劝致 6 人死亡杀人案嫌犯患精神分裂属无责任能力》,载 http://news.xinhuanet.com/legal/2009-12/27/content_12711666.htm。

4. 《北京大兴同一小区再出灭门案 男子杀妻灭子后自首》,载 http://news.xinhuanet.com/legal/2009-12/28/content_12712580.htm。

5. 《北京大兴杀妻儿凶手被鉴定患精神病》,载 http://news.sina.com.cn/c/2010-01-29/121717015021s.shtml。

6. 张兴军:《河南光山校园惨案嫌犯被鉴定为限定刑事责任能力》,载 www.gov.cn/jrzg/2013-01/07/content_2306805.htm。

7. 陈泽伟:《我国重性精神病人超 1600 万 大多数家庭一贫如洗》,载 http://news.sohu.com/20100529/n272419325.shtml。

8. 周庆等:《河南省漯河市精神病人犯罪案件调研报告》,载 http://www.

jcrb. com/jcpd/jcll/201009/t20100903_412945. html。

9. 世界卫生组织:《WHO 精神卫生、人权与立法资源手册》,载 http://www. who. int/entity/mental_health/policy/legislation-chinese_withcover. pdf。

10. 曾淑瑜:《精神病人犯罪处遇制度之研究》,载 http://www. moj. gov. tw/public/Attachment/651915295370. pdf。

11. 《法院终审裁定邱兴华精神正常无需鉴定》,载 http://news. sina. com. cn/c/l/p/2006-12-28/113211907002. shtml。

12. 《抗辩理由先后被驳 熊振林一审被判死刑》,载 http://hb. qq. com/a/20090210/000070. htm。

13. 《湖北杀8人案凶犯熊振林二审被维持死刑判决》,载 http://news. sina. com. cn/c/2009-03-05/192817344613. shtml。

14. 《福建南平恶性凶杀案庭审没有提及精神鉴定》,载 http://news. sohu. com/20100409/n271408269. shtml。

15. 《贵州"何胜凯案"二审开庭》,载 http://www. caijing. com. cn/2010-11-26/110576646. html。

16. 《杨佳辩护律师请求重做精神鉴定被当庭驳回》,载 http://news. sina. com. cn/c/2008-10-14/040816448625. shtml。

17. 《杨佳袭警案明日二审 律师要求精神鉴定》,载 http://news. qq. com/a/20081012/000262. htm。

18. 《"刘爱兵案"背后的精神病悬疑》,载 http://news. 163. com/10/0612/10/68VJ80IG00011SM9. html。

19. 柴会群:《"疯汉"杀人的艰难免刑》,载 http://www. infzm. com/content/49877。

20. 《中国警力严重不足 职业化刻不容缓》,载 http://news. sina. com. cn/c/2003-02-18/1615912974. shtml。

21. 《抓精神病人抵杀人犯问题出在哪儿?》,载 http://news. xinhuanet. com/theory/2010-05/19/c_12118440. htm。

22. 侯中才、徐露:《民警送流浪精神病人就医 连跑三医院均遭拒》,载 http://view. news. qq. com/a/20100413/000010. htm。

23. 《我国精神病患者犯罪持续上升 法律盲区执法尴尬》,载 http://

view. news. qq. com/a/20100413/000009. htm。

24. 《特稿:南通"5. 28"亲姐妹硫酸毁容案纪实》,载 http://news. sina. com. cn/china/2000-06-30/102761. html。

25. 《南平凶杀案嫌疑人被押做精神鉴定 已被提起公诉》,载 http://news. sohu. com/20100327/n271138872. shtml。

26. 《精神病人盗窃被判 11 年 监狱拒收滞留看守所 4 年》,载 http://news. sina. com. cn/s/2005-04-22/05235716918s. shtml。

27. 《监狱要求对重病服刑犯保外就医遭家属拒绝》,载 http://news. sina. com. cn/s/2010-08-08/013120849071. shtml。

28. 洪戈、王方杰:《杀人罪犯一夜间成了精神病人——一桩鼠与猫的交易》,载 http://www. chinanews. com/2000-3-2/26/19930. html。

29. 周宇:《大陆千所精神病院》,载 http://blog. ifeng. com/article/2553914. html。

30. 郑永年:《中国社会如何才能变得更加公平一些?》,载 http://www. zaobao. com/special/forum/pages8/forum_zp121030. shtml。

31. 《邓玉娇被固定在床上 不进食靠输液维持》,载 http://news. 163. com/09/0519/04/59LADC9S000120GR. html。

32. 萧瀚:《从邓玉娇案看公民社会和法治未来》,载 http://www. infzm. com/content/30226。

33. 《中国卫生费用仅占 GDP5% 远低于巴西印度》,载 http://finance. qq. com/a/20120912/006354. htm。

34. Livingston, "Criminal justice diversion for persons with mental disorders: a review of best practices", www. cmha. bc. ca/files/DiversionBestPractices. pdf.

35. Salize et al, "Placement and Treatment of Mentally Ill Offenders——Legislation and Practice in EU Member States", http :// ec. europa. eu/ health/ph_projects / 2002/ promotion /fp_promotion_2002_frep_15_en. pdf.

36. Council of State Governments, "Criminal Justice/Mental Health Consensus Project", www. ncjrs. gov/pdffiles1/nij/grants/197103. pdf.

37. "Mental Health Courts", http://en. wikipedia. org/wiki/Mental_health_court.